◎ 阿速／主编　阿速／口述　◎ 孙又新／撰稿

济南出版社

图书在版编目（CIP）数据

阿速谈生活/阿速主编 .－－济南：济南出版社，
2016.7
ISBN 978-7-5488-2211-0

Ⅰ.①阿… Ⅱ.①阿… Ⅲ.①随笔－作品集－中国－
当代 Ⅳ.① I267.1

中国版本图书馆 CIP 数据核字 (2016) 第 164473 号

出版发行　济南出版社

地　　址　济南市二环南路 1 号 250002

网　　址　www. jnpub. com

电　　话　0531－86131726

传　　真　0531－86131709

经　　销　各地新华书店

印　　刷　济南黄氏印务有限公司

开　　本　710×1000 毫米　1/16

印　　张　9.25

字　　数　106 千

版　　次　2016 年 7 月第 1 版

印　　次　2016 年 8 月第 1 次印刷

印　　数　1－10000

定　　价　36.00 元

发行电话　0531－86131730 / 86131731 / 86116641

传　　真　0531－86922073

CONTENTS

目 录

第一章
青春年少那些事儿

🅵 一个靠"嘴"吃饭的人

　　江湖一向出英雄，近几年一直频传山东地界上有个好声音：气如虹，势如雷，声如钟磬之音，听之荡气回肠。他就是阿速，一个用"嘴"吃饭的人。牛皮不是吹的，泰山不是堆的。说起阿速的事迹，电波里有其声，电视里有其影，江湖上其故事流传久矣。

　　手艺人靠手艺吃饭，靠手上的绝活换得衣食；劳动者靠劳动吃饭，用自己的劳动付出换来报酬；而今天我们要说的主持人阿速，则是靠说话吃饭的人。

　　人世间的事情往往就怕个凑巧，说书的不也常说无巧不成书嘛。"用嘴吃饭"在阿速看来，简直就是歪打正着。

　　时下对于阿速这种人，有个时髦的称呼：主持人。这些主持人如今占据着荧屏上每天晚上的黄金时间，不停地用他们的"嘴"带给我们欢乐、知识和启迪。

　　阿速的生活经历着实丰富。他少时在济南学京戏，练的就是嘴上功夫。后来正式演出，靠嘴吃饭，且为时不

在济南京剧院与同事们下乡演出后（袜子都是黑的）

3

短。再后来歪打正着干上了电视主持人。总之，阿速这些年的生活经历都离不开他那张嘴。

如今，阿速每天开着他的"座驾"在都市里穿梭，匆忙如陀螺，绚烂如烟火。作为朋友兼粉丝的我们，不时能听到他"口吐莲花"。看着他那张吃饭的嘴，我每次都会想，下一次他会说些什么呢？

到了今天，《生活帮》和"帮主"阿速已经携手走过了十年。十年的时间说短不短，说长不长。但是在现在这个充满浮躁和急功近利的社会里，像阿速这样在一个岗位上勤勤恳恳干了十年的人真的不算多。

祝愿这个号称用"嘴"吃饭的阿速，能够一直像小朋友一样天天快乐、永远向上。还有阿速的闺女，愿她健康活泼，快快长大。

用"嘴"吃饭初露头角

阿速似乎从一生下来就颇多故事，之后他用"嘴"吃饭之路也可以称得上跌宕起伏。

非要论靠"嘴"吃饭的源头，阿速觉得最早可追溯到 4 岁。阿速认为自己从小就对说话有浓厚的兴趣，并且也表现出一定的天赋。阿速最初对讲故事感兴趣，还要从家里的一台收音机说起。阿速从四岁开始，每天手里就拿着爸爸送给他的上海宝石花牌收音机听故事。"为什么我普通话说得好，我觉得跟听收音机有绝对关系。"阿速说，"收音机里广播员的发音最标准，每天都听每天都学，时间一长普通话水平确实提高不少。"

那时，阿速一吃完饭，就抱着一台收音机听广播，听说书。"那时候就是个听，每天 6：30 听刘兰芳的《杨家将》《岳飞传》。一开始就是听着好玩。"阿速说，"不光早上听，我下午 1：30 到 1：40 也听，还有晚上也听，天天听月月听年年听，积累的年月一长，我肚子里就有了不少故事。"

肚子里有了底，阿速就开始给同班、同年级的小朋友讲。"年纪小，肚子里藏不住事。当时我讲了好多故事，一开始是在课间休息的时候给同学讲。后来发展到老师经常这样问：谁上来讲个故事？阿速我看就你

吧。那会儿下课时间成了我讲故事的时间了。讲着讲着，后来就让我去参加'故事大王'比赛了，还拿了奖。"

　　"听是一回事，复述是一回事，在复述的基础上加上自己的想象进行再创造又是一回事。一开始我基本全是复述，复述我在收音机里听到的评书。后来听得多了，我就开始自己编故事，当然情节还是模仿自己听到的。一开始自己心里确实有些提心吊胆，这能过得了老师的审核吗？结果老师对我编的故事很满意，我就放心了，从此开始了我的编故事生涯。"

靠"嘴"吃饭慢慢发展

　　结束了一天的表演，京剧演员们卸了妆，换下戏服，洗尽铅华，呈

现出一张张最普通的面孔，实在难以想象就是这些人，刚才站在台上演出了那一出出悲欢离合的故事。"京剧最重要的基本功是唱念，所以也是靠'嘴'吃饭。"阿速说，"京剧最动人的，是可以把控观众的情感。当你看到台下的观众被你的表演打动，情绪被你带着走，那种感觉真的是很微妙，心里会很骄傲。"

后来阿速从事文艺演出，实际也是和"嘴"分不开的。"我总要上台唱歌跳舞，总的说来，还是靠我这张嘴。"阿速承认，那时候用嗓子用得很厉害。"有一阵子每天晚上回家，嗓子都感觉很累，很哑，就不想再多说一句话，感觉白天两片嘴唇子互相碰得都疼，就那种感觉。多亏了我原来在京剧院的经历，还懂一点怎么保养嗓子，不然我这把声音可就交待在而立之年之前了。"

一天跑三个场，一个场大多要演三次。不光唱歌，很多时候也要跳舞，能不累吗？

后来，阿速开始主持济南大小场所的娱乐节目。他说："我一开始在英雄山脚下，和别人组了个团叫英雄男孩，从那会儿起我就是全凭着自己这张嘴吃饭了。不光是唱歌跳舞，还和人交流。和人交流包括很多方面，包括揽活。你想，一开始你想找活干，肯定不能在家躺着等着天上掉馅饼吧，你应该做的是到处去跑到处去问去打听，然后多跟人谈，说我们这团体都会什么。后来就是和各种演艺场所的经纪人谈，谈价格，谈场次，什么都得谈。最后我担任演出节目主持，更要靠我这张嘴，和活动方聊，和台下的群众聊。看节目的什么人都有，你怎么能和不同年龄、不同学历、不同层次和身份的人聊起来？我觉得，没有我这张还算是能说会道的嘴，肯定是不行的。"

做主持人同样靠"嘴"吃饭

在演出事业最红火的时候，阿速又"跨界"了。这次，他华丽转型，做了一名主持人。"今天对我来说真的是很难熬，《生活帮》终于开播了，我的心情是七上八下，乱七八糟，七个锤子八个鼓，搞得我是晕头转向啊。还好，不洒汤不漏水地给完成了，看着领导满意的表情，我的骄傲情绪又'油然而生'。人们经常说的那什么改不了吃那什么，还真是有道理啊，呵呵。不知道敬爱的观众们是怎么看的，作为一个主持人不想出名那是假的，可我觉得更重要的是观众们对你的认可（其中也包括那些不喜欢你的人）。今天自己的表现吧，勉强说得过去，相信以后会更好的。"这是阿速在《生活帮》开播当天写下的一篇博客，真实地反映了这个一直靠"嘴"吃饭的山东汉子的忐忑心情。

估计有人会说，哎，阿速，你都干了那么久靠"嘴"吃饭的活计了，也没见你说个怕字。怎么来干《生活帮》反而会怯场呢？对此，阿速给出的解释是："其实也不能完全算是怯场，只是说人在面对全新的东西的时候，我想难免都会有一些紧张吧。之前我干过京剧，跑过演出，大大小小的主持自己也做过不少。但是当时完全没压力，又不上电视，失误也就笑一场，第二天就没人记得了。可这不一样，之前我根本没做过电视主持，这节目要在电视上播，N个摄像头对着你的脸，电视机前不知道多少观众看着你。万一出错，这丢人就丢大发了，而且铁证如山，你想辩解都不行。老实说，当时我还是有一些压力的，生怕说错半个字，不光给我自己丢人，也给整个《生活帮》丢了人。你想想，主持人第一天走马上任，就在节目上犯了错，这说出去多难听。"

阿速本姓吕，名素鹏，估计很多观众都不清楚他这个真实姓名，只知道他在主持的时候叫"阿速"。阿速说起自己的姓氏，恍然发觉这又和靠"嘴"吃饭扯上了关系："你看，这又印证了我是一个靠'嘴'吃饭的人。我姓吕，吕字是由两个口组成的，口就是嘴，说明我一张嘴是真正吃饭的，另一张嘴是给我工作和生活的。这就是我，阿速，吕素鹏，一个靠嘴吃饭的人。"

② 京剧是他的根

在韩国演出京剧《三岔口》扮演刘利华

"不管别人如何议论，马连良的唱腔既可风靡一时，又能流行后世，是无可争辩的事实。他演戏，一切唯美是尚。动作规范，无处不美。马连良的戏，真的是很好看。他演戏一丝不苟，极其认真，非常讲究舞台上的配合与谐调。"章诒和在其著作《伶人往事》里，写下如是的文字。不禁让人耳边响起西皮二黄腔调，和着马连良几经沉浮的身世婉转曲折，荡气回肠，宛若一曲粉墨人生的颂歌。

伶人们年少时的勤学苦练和学成盛年时的风华，令人不胜唏嘘。风云变幻间，前一刻还风光无限的名角，转身就可能黯然失色。诚如该书作者在自序中所说："我听得耳热，他唱得悲凉。"最后空余一阵风，留下了千古绝唱。

在山东电视生活频道里，有位"帮主"，以自己的所学所长，尽其所能表演给人看，且演得风生水起，多次获得省级、国家级奖项。个人粉丝数量与日俱增。他就是民生新闻栏目《生活帮》主持人阿速。

谁能想到他出身于京剧

如果之前没有听说过，谁也无法想到阿速会和国粹京剧有着千丝万缕的联系。

阿速出生在一个普通的家庭，父母都做着与文艺不搭边的工作。阿速后来回忆起自己儿时的经历，承认自己完全没有想到将来会有一天和京剧"牵手"："父母也不是从事这方面工作的，家里也没有人好这一口，自然小时候也就没有领进门的老师。那时候吧，我家买了台收音机，我逐渐就迷上了它，其实就是喜欢听收音机里面说书的，刘兰芳老师、袁阔成老师那都是我的偶像。不过那时候，我还不知道有个词儿叫'京剧'，更是万万没想到自己将来会去专门学京剧。"

阿速现在回忆这份缘起，认为与自己小时候爱听收音机有关。"大概4岁的时候，我没事就喜欢听收音机，那时，听刘兰芳的《杨家将》和袁阔成的《三国演义》，学他们的念词，更是听他们讲述的故事，被其中的杨六郎和赵子龙迷得无法自拔。直到上了小学，收音机都跟我形影不离，上学就把收音机放书包里背着，课间休息的时候拿出来听。回家吃完饭就拿出来继续听，有时候吃着饭也要听，为此没少挨我妈念叨。"

参加全国京剧演员大奖赛《下山》扮演本无和尚

因为喜欢听收音机，阿速成了同学中的"故事王"。阿速记得五年级时，一个女同学被选去参加"故事大王"

比赛，后来却因超龄没能参加，老师就推荐了阿速，最终阿速获得山东省"故事大王"比赛一等奖。

现在的阿速，站在《生活帮》的镜头前，面对着全省乃至全国观众，早已能够从容不迫地念出一长串的词，即使念错了也能镇定地打个圆场哈哈过去。因为紧张而出错，或者节目进行不下去而被观众炮轰，在阿速的主持工作中从未有过。也许是小时候参加过的省级比赛，为阿速打下了好的基础，为后来的登台表演做好了准备。

京剧为主，其他为辅

"我所学的专业是京剧，不过我也演过吕剧，表演过杂技舞狮，拍过电视剧，演过小品，说过相声，来过快书，做过歌手，跳过舞蹈，搞过组合。"听着阿速"自报家门"，这一长串的演艺经历不禁让人称奇。

面对"阿速真是多才多艺"的赞誉，这位面对镜头侃侃而谈从来面

不改色心不跳的"帮主"有些不好意思起来："过奖过奖，其实说了这么多，我主要学的还是京剧，毕竟这是我的本职专业。其他的那些领域只是有所涉猎，触及不深。要是说京剧，我感觉我和国内专业的京剧学员还是能有一拼的；要是说做歌手，让我去唱现在的流行歌曲，就别说国外了，国内多少腕儿随随便便就把我办了，用一个词来说就是'秒杀'；杂技舞狮就更别提了，那都

2015 年参加《名嘴 k 歌王》获冠军（剧照为演唱《新贵妃醉酒》）

是我过去身体还不赖的时候研究的。你看我现在这体形，看着好像还是挺匀称的吧，舞狮？现在腰部力量不行了，狮子不把我舞了就不错了。"

"舞蹈，这个肯定是行为艺术，跑不了。非要追寻我跳舞的源头，还是出在京剧身上。京剧，那可是中国五大戏曲剧种之一。京剧表演的四种艺术手法，唱、念、做、打，也是京剧表演的四项基本功，少了一样都不行。唱就是唱歌，念是指和着音乐的念白，唱、念两者相互补充；做其实就是舞蹈化的动作，打指武打和翻跌的技艺，做、打二者相互结合。唱、念构成京剧'歌'的元素，做、打构成'舞'的元素。这整个才是一台完整的京剧，单单有一项或者几项那不叫京剧。"

"其实你看，京剧有歌有舞，有念有打，绝对称得上是综合性艺术。单独唱歌或者跳舞，都不能和整台京剧相比，总是少了点什么。所以我估摸着，我对于歌曲和舞蹈的兴趣也是来源于我学习的京剧。毕竟单拿出一项来，比演出一台京剧剧目要简单得多，在场上所需的协调性要求也没那么大，只关注唱或者舞就行了。所以，在我学过的所有科目中，

京剧称得上是顶难的。京剧演员又要唱，又要念，又要跳，又要打。还要结合剧情走向配上适合的表情和神态，还要和同场其他演员分工合作，还要跟得上伴奏，要有团队意识，要有绝妙的配合，来共同完成这一场演出，绝对是难中难。"阿速一口气说完，抿了一口面前杯子里的水。

"京剧就是一种中国独有的特色戏剧。在国外，能够出演戏剧的那都是艺术大师，绝对不是随随便便一个流行歌星就能干得了的。用现在的话说，在台上绝对能卖得了萌，耍得了大刀，也能让观众说笑就笑，说哭就哭。京剧演员要经过长时间的训练和磨砺，使自身从内到外散发出一种契合角色精神的韵味，让观众看一眼他的扮相，就认可他的表演。虽说一千个人心中有一千个哈姆雷特，但是如果大部分观众觉得台上正在演的这个人，就是我心目中的那个哈姆雷特，那他就成功了。"拿起面前的那杯水，阿速一口喝干。

从京剧中获益良多

艺校毕业后，阿速就被分配到了济南京剧院，成为了一名武丑演员。

"丑角是中国戏曲中出现最早的行当。"阿速说，"很多人看京剧表演中丑角不起眼，都以为这是个无足轻重的角色，甚至可有可无。其实丑角并不像大家所想象的那样，只是扮演阴险狡猾、贪婪自私的角色，更多的还是扮演机警、伶俐、幽默的角色，甚至是很正直、很善良的角色。另外还有社会地位不高的角色，像农夫、打更的、差役、乞丐等等，大部分也都由丑角来扮演。从性格上来说，这些人多半都是很滑稽、很活泼、很乐观的人。""和我自身的性格挺像，我这个人就挺滑稽的，很多人一看见我就先乐。"阿速笑着说。

其实，在中华文明发展史中，劳动人民漫长而丰富的艺术实践给了丑角不断发展完善的源泉，使得丑角成为戏曲五大行当中最丰富、最生动的一个。

"加之它与广大老百姓的日常生活最为贴近，老百姓便于通过丑角来传达自己的心声和诉求。"阿速补充说，"所以丑角应该是最具人性、最受人们欢迎的一个京剧行当。很多票友都说，丑角最有人情味，相比起生旦净来，丑角在台上更像'人'。"

《生活帮》本来就是贴近百姓的民生栏目，又以独有的"帮"与"办"为特色，使得观众十分喜爱。也许正因为有表演丑角的经验积累，"帮主"阿速才能更好地为百姓说话，全心全意为百姓帮忙办事，帮助他们解决生活中的实际问题。这正如同京剧中的丑角，在京剧中丑角一般说的都是大白话，使用方言俚语较多，给人幽默和亲切之感，最为老百姓所喜闻乐见。

"帮老百姓办事，说老百姓说的话，这不正好和京剧丑角的表现形式和精神内涵相符吗？"阿速说，"现在想想，自己之前学京剧的时候就是学的丑角，冥冥之中自有天意啊。"

该瞪眼时瞪眼，该活泼时活泼，该乐时就乐，需要唱时就唱……同京剧一样，一档节目的主持人也应该能够运用多种语言来表达。比如主持人可以用有声语言和无声语言，聊天、问答、阐述和抒发情感时配合以表情、动作等无声语言，更有利于主持人的思想表达。

现在"苛刻、挑剔"的观众们对节目主持人的要求更高了，要求主持人还应尽量与众不同，让电视机前的观众足不出户，就能通过主持人的主持风格感受到这台节目的精神内涵。

在这方面，阿速就做得非常到位。这位多才多艺的"帮主"擅长京剧、吕剧，还精通许多地方方言，能说能唱，能舞能武，简直就是一个综合型的综艺人才，在今天的电视主持界是一枚不可多得的"油菜花"。

主持《生活帮》多年，阿速早已和观众们培养出了不一般的默契，他将自己和观众的关系称之为"铁"。阿速在直播中偶尔发生语病，没有人会去计较，即使不经意间说错了词，阿速幽默的自我解嘲，也会博得观众会心的微笑。这其中固然有着观众们多年收看《生活帮》的习惯因素，也和阿速的幽默、坦诚是分不开的。

当问到阿速"是否对京剧有特殊感情"时，阿速坦然承认："近20年的戏曲生涯让我对它割舍不下，说实话，直到现在放不下的还就是它，直到现在我都为自己改行可惜。"阿速毫不吝惜对京剧的赞美。他说，作为世界三大艺术体系之一的京剧，绝对是无与伦比的国宝，有着不可比拟的魅力。它的唱念做打，手眼身法步，样样拿人，样样动人，今天仍然有无数的人为它痴狂。

"但是，现在京剧的没落也是不争的事实。"阿速话锋一转，"除了知道梅兰芳老先生，又有多少人还能说出其他京剧表演艺术家的名字呢？"在残酷的生存现实面前，阿速承认自己"在生存面前低了头"。但同时他也指出：无论是多么好的艺术，如果它无法让从事的人安居乐业，那它就会成为濒危艺术。

❸ 生命中的第一个贵人

六月盛夏，似火的骄阳把人间烘烤得仿佛一座大蒸笼。

阿速骑着摩托车，脸庞、脖子和露出的手臂都被暴晒成了红色，汗水止不住地滑落，从额头落到眉梢，又从眉梢往眼睛里流去。阿速只得不时停下来，用手帕擦拭脸上、身上的汗水。

他抬头看了眼天，炎炎烈日光芒灼灼，丝毫没有半片云彩飘过。阿速只得叹息一声，丈母娘家还有一段距离，后座那箱鲜肉可别坏了！

念及此，阿速不再多做停留，跨上摩托，一踩油门，风驰电掣而去。摩托在高温的作用下，车身滚烫，在提升速度的过程中发出阵阵嘶吼声，似乎对阿速施加的"摧残"很是不满。路上的车逐渐多了起来，热浪滚滚的车流瞬间将阿速"围困"于其中。

阿速心中焦急，却又无可奈何，只能干摁喇叭，来表达心中的不满。老天开眼，终于在下一个路口拐弯处，人与车少了一些，可以正常通行。阿速心喜，提升车速，左转弯向前冲去。忽然有个身着黑衫的老头，拿着蒲扇优哉游哉地踏上了左转道，正好挡在阿速前面。

阿速猛按喇叭，老头不理不睬。正是血气方刚的年纪，阿速这个气啊，满肚子憋火，正要发声，黑衫老头转过头来。阿速立马认出这人正是自己的师傅——山东艺术学院王德明老师！"原来是你小子。"老头平淡无奇的脸上绽开了笑容。阿速满心的怒火立马转化为对恩师的崇敬"师傅，好久不见！"

教师节的神秘嘉宾

山东省实验中学的老师和同学们在第二十二个教师节即将到来的时候，观看了《生活帮》栏目的精彩文艺演出。

"尊师重教是我国的传统美德。为了纪念教师节，怀念学生时代和老师之间的情谊，并将这种美好传统发扬光大、传承下去，《生活帮》栏目决定在第二十二个教师节到来前夕，到山东省实验中学，以我们的文艺专长，为省实验的老师和同学们献上一份大礼！"《生活帮》节目主持人阿速，在 2006 年 9 月 8 日，写下了这段文字。

山东省实验中学院内的篮球场曾经举办过无数次体育比赛和各种文艺活动，莘莘学子在这里挥洒汗水、飞扬青春。2006 年 9 月 9 日 10时 30 分，《生活帮》摄制组来到了这里，将要在蓝天、白云下给山东省实验中学的老师们送来教师节礼物。

活泼可爱的同学，传道授业解惑的园丁是本次《生活帮》活动的主要面对对象。和以往进入社区的活动有着很大的不同，这次活动不论是在节目编制上，还是在现场互动环节上，都有更高的标准和要求。对此，活动组将可能面临的问题和挑战一一列出，并针对这些问题采取了建设性的办法，力求做到给老师和学生送上一场完美无瑕的表演。

下午两点，主持人王磊准时出现在了老师和学生们的面前，一段简短却妙趣横生的开场白过后，现场已是笑成一片，王磊获得了雷鸣般的掌声。

而阿速的出场更是让现场学生们呼声一片，叫好连连。"明知道让你离开他的世界不可能会，我还傻傻等到奇迹出现的那一天。直到那一天，你会发现，真正爱你的人独自守着伤悲……"一首《痴心绝对》，让学生们领略到阿速的唱功，现场的气氛达到高潮，以至于阿速转身离场时，学生们仍强烈要求"阿速再来一个""阿速再唱一回"。

阿速只得返场，再为师生们献唱一首。于是，一曲《热情的沙漠》回荡在校园的上空，飘飞的旋律承载着对老师的一片感恩之情。正如歌里唱的一样，"我的热情好像一把火，燃烧了整个沙漠，太阳见了我也会躲着我，它也会怕我这把爱情的火……"在这"熊熊火焰"中，师生们感受到了《生活帮》主持人对他们的衷心祝福。

节目进行中，一个人影出现了，这个人就是本次活动编导邀请的"神秘嘉宾"。阿速看见了，惊讶地睁大了眼睛，随后跑上台去，和他紧紧拥抱在一起。这个神秘嘉宾就是阿速的京剧老师——王德明。

在教师节即将来临之际，阿速很想为王德明老师送上一份礼物，表达一下对老师的心意。可由于《生活帮》刚创立不久，他每天工作都很忙，实在抽不出空去看望恩师。活动编导了解到这一情况后，非常理解阿速的心情，决定秘密邀请王德明老师，这才有了前面那一幕。

阿速和许久未见的恩师会面，十分激动，在和王老师相拥时，几次哽咽。当着实验中学师生们的面，阿速在台上将自己此时此刻内心的感受娓娓道来，语气中饱含对编导这次安排的惊喜和感动："王德明老师，是我的授业老师、我的人生导师、我的恩人和我的朋友。这次在我完全不知情的情况下，节目组的编导老师把他请到节目现场，我非常感激。我们爷俩已经有很久没见面了，借这个机会，我要对我的老师说一声：老师，您辛苦了！同时我也要对实验中学的学子们说一句：愿你们的老师节日快乐，工作生活顺顺利利！"

"长大后我就成了你，才知道那个讲台，举起的是别人，奉献的是自己……"一曲《长大后我就成了你》唱罢，意味着本次《生活帮》教师节活动结束了。

活动主持人王磊作结束语时说："作为人类灵魂的工程师，老师们不仅给自己的学生传道授业解惑，更重要的是，他们教会学生们做人做事的道理。这次活动的意义非同寻常。我们感谢天下所有的老师，让我们学到更多的知识，让我们在各自的岗位上发挥自己的才能，让我们知道该如何做一个对别人有用的人。在此，我祝天下所有的老师教师节快乐！祝愿老师们在节日里都能够开开心心，万事如意！"

遇恩师，命运的转折点

1988 年，阿速 12 岁。回忆起自己 12 岁那年，阿速说，当时自己面临着一个非常重要的选择：是继续上学读书，还是上济南艺校，毕业就工作？这对年少的他来说实在是个困难的抉择。

艺校毕业后可以包分配，是铁饭碗。而阿速自小就对曲艺有兴趣，有文艺潜能，"因此我就狠了心上了济南艺校学习京剧表演。对于我来说这是从小就有的一个梦想。去济南艺校报到的那天，我就终于正式走上曲艺这条道了。父母也尊重我的意见。"

因为毕业后好找工作，那年有上千人去济南艺校考试。"考试当天我都傻眼了，全是人。一看这么多人，我心里就打起了鼓。这么多人都来考济南艺校，我能考上吗？"

也许是实力，也许是运气，也许是实力加运气，最终阿速被录取，成为当年济南艺校被录取的 20 人中的一员，从此开始了他的京剧生涯。

培养一个京剧演员，应该是七八年时间，而阿速的艺校生活只有四年。

"我们那时候算是速成的，和最最专业的京剧培养还有点不太一样。小么哥是我同学，他是学曲艺的，我是学京剧的。"阿速比画着说，"招来的人基础良莠不齐，分好多种。像我这样的，真刀真枪地论专业底子，那就是一片空白。那时候为了跟上趟，没少吃苦。"

四年过后的 1992 年，阿速被分配到了济南京剧院工作。对于这段生活，阿速有着非常深刻的感受："那时候我的月工资是 137.28 元，日子过得很苦，但是工作也算不上多累，就是平平常常吧。"

月工资近 140 元的日子过了很多年，阿速心里着急，想有更好的发展前途，却苦于找不到太好的出路和办法。

直到山东艺术学院戏曲系的王德明老师出现。"那时候王老师跟我说：'孩子，这样的工作是不累，但没有大的发展前途。就像温水煮青蛙，煮着煮着你的理想和血性就煮没了。年轻人不能这么继续干靠着了，必须继续上学继续念书，才能有更好的发展。'"阿速掰着手指头算，"然后我就按照王老师说的参加了高考。大概准备了半年吧，考了三百多分，考上了上海艺术学院，但我没去上。"

阿速非常高兴，用他的话来说是"一种言语形容不来的激动心情"，"特别高兴"这四个字反复被他提起。他拿着成绩单去王老师家报喜讯，王老师也掩饰不住喜悦之情。

后来，王德明老师对阿速说："阿速，山东艺术学院来不来？你这分数绝对够。你拒绝了上海艺术学院，不能把山艺也拒了吧？"当时阿速已经找到了女朋友，即他后来的妻子。阿速想了想，山东艺术学院离家近，不用和媳妇两地分开，便说："好，那我就去山艺吧。"

感情细腻，做饭粗糙

提到恩师王德明，阿速立刻就用这么一句话来形容："他是一个感情方面非常细腻的人。"

这不禁让人好奇，一个大男人，如何能称得上"感情细腻"？

阿速说，他的这位恩师，是非常负责任，也很能操心的一个人，对待自己的弟子尽心尽力，总能为弟子排忧解难。

阿速特别指出："感情细腻，从某些方面来说不一定是好事，我俩这么好，还因为一点小事闹过别扭。其实现在看来是挺可笑的事儿，当然主要是因为我不对，没有及时沟通。"当然，后来经过阿速的努力，王德明老师原谅了他。

回忆起当年自己学习京剧，阿速印象颇深："那时候我唱《小上坟》中的丑角，王德明老师一句一句地教，教完还会很仔细地观察我的表情神态，揣摩我的感觉，所以说他是一个很细腻的人。"

王德明老师不光从学习上指导阿速，还从生活上关心他，就连谈对象也点拨过阿速。

关于王德明老师，阿速还有一点印象特别深刻之处：做饭。那会儿王德明对于阿速很是看重，经常叫他周六周日来家补习，中午亲自下厨做饭。

奈何这位老爷子的手艺确实差点，不懂得食材搭配，所以周六周日

吃午饭对阿速来说倒成了一种"煎熬"。"究其原因，实在是因为老爷子对我太好了。我那时候还在长身体，他怕我缺了营养，于是轰轰烈烈炖一大锅，什么西红柿、牛肉、土豆、白菜、木耳、茼蒿、鸡蛋……全放进去，生怕落下一种。问题是，这些东西单拿出来都好吃，但是全放一起它真不好吃。"阿速苦笑着说，"我每次去老爷子家里，老爷子都非要亲自下厨给我煮这么一锅吃。老师对我这么实实在在地好，我也不好意思说不好吃，每次都是硬着头皮吃下去。"

王德明老师对阿速的"营养食疗法"明显起到了作用，现在的阿速，大个子，壮实的身板，大叔大妈们一看就说"这孩子，有股子劲，能干活"。"肯定是因为王德明老师那会儿给我补得太好了，我才能长成现在这个身材，才能得到《生活帮》大叔大妈们的赞扬。看王老师多有前瞻性，高瞻远瞩，连我之后的人生都预料到了。"

④ 苦练京剧基本功

京剧是国粹，是各种艺术手段和谐统一的动人篇章。

阿速有一个南方朋友，对京剧非常感兴趣，几次对阿速表示"迷上了这个如行云流水一般的声音"。但是因为他生活工作在南方，看京剧是很不方便的事。

的确，那份京韵包含的情愫，是国韵之梦。它唱腔优美圆润，荡人心魄，令人陶醉。它时而色调明亮、华丽、激越，时而色调暗淡、凝重、平静。和今天越来越多的流行乐曲相比，京剧的表演更丰富更有张力。

对暴力、血腥等场面，京剧用写意进行表现，而不是刻意地渲染。

相对于人间风云变幻，京剧自岿然不动，固守着传统的一方净土。你看它喜上眉梢，你看它慷慨激昂，你看它掩面痛哭，一举手一投足，无不诠释着古老的东方特有的或激昂澎湃或温婉细腻的美感。恰似一块古朴的美玉，触手温凉，纹路顺畅，记录了千百年来中华民族的喜怒哀乐。

当下，很多人把庸俗当做时尚，也许没有多少人能够坚守。唯有这一片清明的京剧，或许才可唤起人们对古典、对艺术的那片初衷。在阿速看来，京剧确实是中国古典文化中的一块瑰宝。

阿速说，要想唱好京剧，没有一身好的基本功，是不可能的。

台上三分钟，台下十年功

好的基本功是怎么来的呢？当然来自勤学苦练。

每天 5 时 30 分起床练功，早饭后上文化课，午休后翻跟斗，唱戏，

晚饭后还要练功……一般到了晚上 11 点学生们才能熄灯睡觉。这就是阿速在济南艺校一天的基本生活。

面对"你还有业余时间吗"这个问题，阿速摇摇头："想都不用想，肯定是没有。每天早上 5 时 30 分到晚上 11 点，除去吃饭上厕所，基本就没什么属于自己的时间。"

阿速特别指出：其实，我比别人的课余时间还要少，主要是因为我比较"笨"。"当时我们班里，一共有 20 个学生，包括 11 个男生 9 个女生，个个都是百里挑一。因为当时济南艺校招生的考核非常严格，所以每个学生素质都很高。"

阿速还说："他们当中很多人，家里祖辈就是干戏曲这一行的，所以很多人的底子都很棒。举一个最简单的例子——压腿，人家一下子就能将脚尖搬到头上来。因为刚入学时同学们参差不齐，我们大部分同学第一年基本都是在练习基本功。"

阿速小小年纪心比天高，他觉得自己练功进步速度太慢，为了能够跟上大部队，阿速就"发狠"。怎么个狠法呢？据他说，每天要比别人早起 40 分钟，也就是清晨 4 时 50 分起来，等到小伙伴们都起床了，阿速已经把基本功练了一遍。

"我们还练嘴皮。京剧不能只练腿脚上的功夫，更要练嘴，要不怎么叫靠嘴吃饭呢。我们老师为了激励我们，最常跟我们举的一个例子是：你们知道北京上了年纪的老艺术家都是怎么练习吗？在三九天的时候，晚上打一盆水放在窗台外，等水完全冻结成冰之后，把这盆冰端进屋竖起来，然后把嘴唇贴到那盆冰疙瘩上说话、练习。最后要练到什么程度呢？练到嘴都硬了，嘴没知觉了，吃饭都找不到入口了。而那坨冰上，对着嘴的地方，有一个因为呼气凹进去的小窝，这么着才行。"阿速与同学们就按照老师这般描述去做了。"我们那时候都是这么练的。"阿速说。

京剧演员抬脚踢腿的动作十分威武，这需要演员有扎实的基本功。"这个讲究什么呢？京剧演员不是穿一个厚底鞋吗，仔细观察你会发现，在这个厚底鞋边有一圈白边。我们讲究的是，这个白边不能超过头顶。为何？因为头顶有帽子，京剧中的帽子我们叫盔头，如果鞋踢起来超过头顶，你不就把盔头踢掉了吗？所以脚尖只能踢到鼻尖的位置。所以你就必须挺胸翘臀，才能达到这个效果。"说着阿速就给我们演示了京剧的踢腿动作。呵，还真像那么回事。

阿速对京剧里的"做""打"和舞蹈的区别还有些研究。"京剧和舞蹈最大的区别就是，舞蹈的动作都是要你去伸展开、舒展开，而京剧你要佝着、缩着。后来可能觉得京剧踢腿到鼻尖这个动作太不人性化了，也非常不符合人体生理学特征，就改了改，改到眉中间。后来踢腿踢到眉间又觉得不妥，于是水平线又上移，到了发际线的地方。"阿速说，"你看到没有？唱京剧的人个子都很矮，

平时也注意练功

32

跳舞蹈的人虽然也不高，但是整体线条都很舒展。用我们的话说就是，京剧演员是矮矬胖，舞蹈演员是高长舒。"

说起练习踢腿，阿速坦言，那时候刚进艺校，没有什么功底，唯一的办法就是"虐待自己"。

"晚上睡觉之前，把自己腿搬起来靠在墙上。再拿一条绳子把这条腿拴住。当然，这么做导致的直接后果就是晚上腿疼，睡不着觉，早上起来呢腿就木了。起来之后，就赶紧拉着这条木的腿满院子跑。第二天再把另一条腿也搬起来，天天如此。最后我一趴下，就能将发际这个地方放在脚尖上，保持半小时不动。到了第二年，我就跟上大家的功夫了。"阿速欣慰地笑着，"虽然很苦很累，但是确实有进步。用我妈的话说就是：能看出进步来了，这腿也搬起来了，腰也能下去了。说到下腰，那时候我腰下到什么样？我们规定腰下去以后，手得能抓脚脖子，整个身体要成一个弓形。这就是我一年之后下腰的成果，和规定的动作一模一样了。"

这样苦练京剧基本功，真是苦啊。对于这段"血泪史"，阿速没有多谈，只是说："同学们还都是孩子，哭，闹情绪，身体受伤……什么样的都有，比如我，摔断大筋了，改变了我的人生。在艺校里的时光给我印象特别深刻，我现在会的东西，能够支撑我在这个社会上混下去的资本，就是我学的这个戏曲专业。你要问我功夫哪里来，功夫从京剧来。"

摔断大筋，躺了半年

说起"摔断大筋"，阿速的脸上浮现出一种凝重的表情。他说这个事必须好好谈谈。"因为这件事对于我来说太重要了，基本成了我一生的转折点。"阿速说。

当时，阿速练习京剧的基本功，从三张叠起的桌子上往下翻跟头。结果由于阿速着地的位置不好，把跟腱摔断了。老师同学赶紧把阿速抬进了医院。阿速在医院里躺了半年，长了30斤。真的，阿速住院时120斤，

为担任山东健康形象大使而专门拍摄的照片

出院时 150 斤。

在阿速看来，这一次意外改变了他的人生，不完全是坏事。

阿速住进医院，媳妇就来到医院照顾他，天天如此，这让阿速很感动。"我第一天摔了，她第二天就请假，赶来医院伺候我。直至我出院，她才上班去了。"

塞翁失马，焉知非福。"我媳妇是济南市第一届模特大赛的冠军，个头很高，不穿鞋都一米八零，我才一米七五。在照顾我的半年里，她和我家人相处得更加融洽了，我父母也越来越认可她。"阿速说起这件事时，脸上洋溢着幸福的笑容，"那时候我媳妇天天来医院伺候我，我妈说这孩子挺好，奠定了我们继续发展的基础，真是因祸得福。虽然我把腿摔断了，但是也有机会让我冷静下来，好好想想以后的日子该怎么过，以后的路该怎么走。"

摔断跟腱以后，阿速就由武丑改做了文丑。唱文丑时间长了，阿速觉得有些无聊，便报考了山艺，毕业后不久便就职于媒体。

说起那段在医院静养的日子，阿速觉得未必是坏事："如果我没摔着，我可能一直在京剧团，一直演戏。但是因为摔了这一下，所以思想沉淀了，回顾了我这二十几年都干了些什么，将来应该怎么发展。"

当然，阿速除了思想沉淀了，肉也沉淀了。阿速笑着说："我妈说了，你看俺儿进去是精肉，出来都成了五花肉了，一层瘦的一层肥的。"

希望京剧能传承得更好

据阿速回忆，当时济南艺校的师资力量并不是很强，因此校方特别聘请王德明老师来给孩子们上课，教京剧演员学戏。

阿速在济南艺校的第二年，就成了王德明老师的弟子。"他教我的第一出戏叫《小上坟》，这是一出二人戏，一男一女，我是丑角。王德明老师从我十三四教到我快三十。那时候他孩子才 3 岁，现在他儿子也二十七八了。"阿速说，"还有个陶荣春老师，也对我非常好，教学

2014 年与京剧大师梅葆玖先生合影

也很棒。说起这些老师，真是太让我感动了，要是单说老师，三天三夜都说不完，在这里我表达一下对我老师们的感谢。"

对于目前京剧演员后继乏人的问题，阿速有着自己的看法："如果有条件和意愿，我真的特别希望孩子们学学京剧。"学过京剧，吃得了苦，能够锻炼意志。"因为我小时候学京剧没少吃苦，无论身体上还是精神上都经受了考验。劈大胯的时候，就跟上刑一样。面对着墙，两条腿张开，后面两个人给你硬往里推进去，'咔'的一下，你都能听见自己不知道是骨头还是韧带的响声，就跟坐老虎凳似的。每天都要经历这样的苦。搬腰也是'咔咔'地响，滋味绝对不好受。"

阿速认为，要表演好京剧，一靠修养，二靠传承："我老师王德明也说过，千万不要小瞧这些孩子们的表演。其实小孩子是任何行当里最新鲜的血液，京剧也不例外。他们能够做到既在规范当中，又不拘泥于规范，在规范当中能找到新的发现，并且把这种发现发扬光大下去。这既是梅兰芳、马连良等京剧大师们的追求，也是京剧艺术对这些未来京剧大师们的殷切期盼。"

⑤ 阿速的"济漂"岁月

说起"北漂"，可能人人都不陌生，"北漂族"给人们的印象大多是生活贫寒但怀揣梦想的青年。为了实现自己的文艺梦想，为了出人头地，为了在北京找到属于自己的一席之地……背着大包小包，背井离乡来到北京，蜗居在简陋的住所，忍受贫寒的生活，每天寻找着各种演艺机会，试图在这座都城，走向自己的光明未来。

他们认为，首都有着各种各样的机会，住着各种各样的名人，也许一个转弯，就会遇上属于自己的命运转折点。但是他们中的有些人，在残酷的现实面前放弃了，做了逃兵；而有些人依然锲而不舍，在北京燃烧着自己的青春。

阿速也有过"北漂"生活，尽管时间不长。他更多的时间是在济南"飘荡"，他自嘲说自己是"济漂"。当时的阿速已经年满 27 周岁了，因为上大学晚，又在上大学期间结了婚，这个年龄当"济漂"确实是大了点。

结了婚，生活就和以前有所不同了。既要照顾老人，又要顾着媳妇。提起那段日子，阿速说那是典型的"先苦后甜"。"那会儿各项开支全来了。每年给山东艺术学院缴学费，我还贷款买了房子，每个月光还贷就要支出一千多。每天早上，我这一睁眼，就想到这个月需要支出两三千块钱。每天这一睁眼一闭眼，都会想起这个事——生活怎么办？真是非常非常不容易，每个月都被各项开支弄得焦头烂额。后来，我就出去演出挣钱了。"阿速说，"这个就是我的'济漂'生活。"

第一次参加外演

阿速坦言，教他们的戏曲老师很好。"很开通，风气比较自由。""什么都让你学，想学什么都不拦你，只要你完成了戏曲方面的学习任务，跟着歌舞团学舞蹈，学唱歌，他都不管，甚至还鼓励我们多学、多听、多看。他说的最多的一句话就是'艺多不压身'，并且反复告诫我们多学点东西总是有好处的。"

老师不仅教学生们知识本领，还带着他们出去演出。阿速的京剧老师就是这样做的，带着一群学生出去演出挣钱，学校也不管这些事。回想那段经历，阿速认为，对学生来说，演出绝对是一种最直接最有效的锻炼。"直接就把我从一个还在上学的人锻炼成了一个工作的人，这个质的飞跃就是这么形成的。"

阿速第一次被老师带出去演出，是去农村。在农村的大广场上，一天平均演 7 场。据阿速说，打扮好了，上场就跳舞，和现在的演出相比粗糙得很。

说到第一次外演，阿速不禁莞尔一笑，他大方地承认自己第一次出来演出，跟现在比跳得确实挺差。阿速至今仍然觉得惭愧，说农村的大叔大妈哥哥姐姐们怎么就这么宽容，没把他们轰下台？

为了演出，阿速和团里的兄弟姐妹们排练了一个舞蹈。"我们那个组有五个人，两个女的，三个男的，主要跳现代舞。还有一个"小虎队"，三个男孩子往台上一站，音乐响起，头发一甩皮鞋一踢踏，简直就是一道风景线。歌舞团他们还跳什么《路灯下的小姑娘》，就是那种很传统、中规中矩的舞蹈。"

阿速笑着说："我们和他们的舞蹈可不一样，跳的都是那种很现代很酷的舞。我们一上去跳舞，歌舞团所有的人都在下面学习。因为我们除了有舞蹈功底，还有京剧里'打'的功底，就是京剧中的武术动作。在那场舞蹈里，我们使出了看家本领——翻跟头。现在想想我们选

这个动作太正确了，舞蹈谁不会跳，但是从台子上翻跟头落地，可不是所有舞者都会的。那是个将近一米半的台子，刷刷三个人一块从台子上翻下去，老百姓看我们那眼神全是惊讶、佩服。现在想想，那时候真是疯狂，一米半的台子，说翻就翻，从来就没想过人身安全问题。现在叫我翻，别说一米半了，半米我也不翻。"

不光是阿速疯了，观看他们表演的村民们也疯了。一天7场，场场爆满，从早到晚掌声一直未曾停歇，大家都为他们的演出疯狂地鼓掌、叫好。看到村民们对他们的表演这么感兴趣，阿速这些初出茅庐的学生们兴致更高了，每一场舞蹈都卖足了力气跳，直到夜深才停歇。

"那时候我们剧团的综合素质很高，又能唱歌又能跳舞，还能翻跟斗。那些观众是第一次看到我们这个现代舞，那叫一个新鲜，都玩命鼓掌。歌舞团的人都看傻了，后来他们都来找我们学习。在学校里，人家歌舞团才是歌舞的正规军，我们充其量就是游击队，结果人家来找我们学习，我们的自信心立马就建立起来了。"

跳完了舞蹈，阿速和小伙伴们接着去后台把京剧脸谱画上，又登台唱《三岔口》京剧选段。"基本上就是一场综合大型联欢晚会，有唱歌的，有跳舞的。我们前边跳舞，后边演京剧。虽然这些我都会，但是之前不知道可以拿这个本事挣钱。我前女友就跟我说：你也能唱歌，你怎么不来挣钱呢？我说，对，我得干，你一个姑娘家都这么能挣，我可不能让你小看。从这之后，我就开始了我的演出。"阿速说。

"济漂"生活中的小插曲

阿速曾经说过，他和他的恩师王德明曾经发生过一些矛盾，时间就在他的"济漂"阶段。

王德明老师从阿速十一二岁时就开始教他京剧，对他十分了解，按理说，应该在阿速大学期间继续教阿速。但是王德明级别不够，不能继续教他。于是王老师请出阿速的师爷爷，即王老师的老师教阿速。

在阿速四年大学生涯中，师爷爷与他始终是一对一教学，就和带博士一样，专门给阿速上课。阿速对这个教学模式感觉很不错，也比较适应。

阿速的师爷爷，在京剧方面绝对是专家，国家一级演员，专门给他一个人上课，让他享受博士生待遇。为此，阿速的心里很得意。

"但是我老师呢，他心里不很舒服，因为本来是他来教我的，结果最后换了人。"阿速语调一转，"可能学校考虑了很多其他因素吧。就因为这个原因，我的老师就和我的师爷爷之间产生了一些摩擦。当然，这些都是很正常的，谁知后来把我也牵扯进来了。一边是我的恩师，一边是我恩师的恩师，手心手背都是肉，这使我很难处。于是我和王德明老师就出现了一些小小的插曲，当然主要还是我不对，我没能及时明白王老师的心意。两人别扭了一阵，但后来也就没问题了。"

通过这件事情，阿速也懂得了一些道理：人和人之间的关系需要磨合，即使是关系再近的人也需要。他认为，人和人之间发生矛盾，结果有可能两个人闹掰了，但也可能让两个人感情更好，关系更紧密了。他还认为，不论谁都需要彼此去营造和维护这种好的关系。

阿速多次表示："王老师就和我爹一样，我特别听他的话。"阿速

搏击是阿速的特殊爱好

感慨说："平时人们和家人的日常相处中，总有时候不得不和妈妈吵两句，但是很少有人和当爹的吵。'一日为师，终身为父'，我和王老师大概就是这样和睦、融洽的感觉吧。"

6 生平第一桶金

有了致富思路，接下来阿速就开始考虑具体的问题。摆在面前最首要的问题就是，以什么样的形式推出自己，是自己干还是几个人一起？

为此阿速思索了好几天。"当时为这个问题我可没少寻思，这毕竟是我第一次做这个，形式得选好了。所谓一步错步步错，不能在这第一步上就栽个大跟头。"

选择了多样化的形式

当时无非就那么几种形式：或唱歌，或跳舞，或又唱又跳；或单干，或几个人一起干。阿速首先想到了唱歌，但是在反复考虑选择后，他最终放弃了。"那时候唱歌就是纯唱歌，根本没有歌手边唱边跳的。"

阿速想，要是唱歌，那就自己单干，自己给自己当老板，相对能多挣些钱，也不会与其他人产生矛盾。

"但是唱歌也有问题，一是我不是歌唱专业出身，唱歌水平和那些专业歌唱演员还是差那么一截子。让我上台去唱没问题，自己也不是没唱过，但是一旦有专业歌唱演员来和我抢生意，我不就立马被他比下去了吗？要是出现这种情况，那谁还要我来唱，我怎么能赚到钱，怎么能火？"

阿速说："二是当时我内心老有一种所谓专业观念，也可以说是死脑筋吧，觉得我是学京剧的，出来揽活不把自己学到的专业专长用到这方面，我不就白学了吗？这么多年勤学苦练，冬练三九夏练三伏，还摔

断大筋，流过的这些血汗还有什么意义？"

阿速分析第三个原因说："三是由于我学京剧，我和专业的歌唱演员比，我比他们能跳。和专业的舞蹈演员比，我这副嗓子又能拿得出手。所以最后斟酌来斟酌去，我就把唱歌这一项去掉了。"

唱歌不行了，那跳舞如何呢？阿速当时心里有点倾向于跳舞，因为他有着十几年的京剧功底，跳舞对于他来说是"信手拈来"。

常年练习京剧，有一副好身板，舞蹈的各种难度动作都能完成，有得天独厚的条件。阿速认为，自己应该向跳舞发展。他一连好几个礼拜的晚上到歌舞厅、饭店、夜总会去看人家怎么跳舞，看观众到底喜欢什么样的舞蹈。用阿速的话说那叫"市场调查"。

不看不知道，一看吓一跳。经过"市场调查"，阿速不仅知道了济南观众的风格偏好，而且把"纯跳舞"这个项目也放弃了。

在调查中他发现，独舞不能跳，除非拥有超高的舞蹈技巧和非常高难度的动作设计，否则独舞在表演过程中很难有效调动观众的观赏积极性和现场的气氛。

阿速认为，在场子里跳舞就是要调动观众的兴趣，把气氛弄得很活跃。"如果在学校里演出，芭蕾舞演员上台表演，我们这些专业学生看着挺好看，尤其喜欢看芭蕾舞独舞。但是在娱乐场所，观众不喜欢，这种东西炒不起来气氛，说不定观众看完，脸冷刮刮的，掌声也稀稀拉拉的。老板一看，得，下次这人坚决不能请。你的凭艺术'致富'之路到此就结束了。"

而给歌唱演员伴舞行不行呢？阿速认为虽然市场需求很大，但也有着自己的问题。阿速说："从北园路到十二马路，跑完这么多场子，我最大的感受就是，给别人伴舞可以，但是长期只给人伴舞，那是绝对行不通的。为什么？因为给人伴舞这个市场竞争很激烈。如果你只能伴舞，那就等着被人挑。能伴舞的多了去了，老板肯定要压价，你就得老看人脸色，赚的也不一定多。而且市场这么火爆，肯定有更多的人会加入到这个表演大军中来，我如果只能伴舞，时间一长，肯定要被新人淘汰。"

如此一来，就只剩下又唱又跳了。"又唱歌又跳舞对于我来说倒不是什么难事，就是特别累。你想，要赚钱肯定不能一天只跳一场，如果一天好几场连跳带唱的下来，肯定是很累。加上我家住的地方离这些场所都不是特别近，演出到大晚上，我就得自己骑自行车回家。"

阿速说："我好好想了想，如果要想长期从演艺这里赚钱，必须在跳舞的同时也得唱歌，甚至自己编排节目。只有这么做，才能有更多的人来找我表演。我那时候年轻有闯劲，心想，不就是累点吗？这么点苦都不能吃，那就不是大老爷们，拼了！"

最终，阿速决定找几个哥们一起干。跳舞、唱歌，自编舞蹈，供客户选择。最终阿速找了两个哥们，三个人组了个演出团体，叫 Hero Boy，就是"英雄男孩"。几年中，Hero Boy 唱遍济南，拥有粉丝无数。当然，也给阿速带来了一笔不小的收入。

13 块钱，第一笔外演收入

阿速找了两个兄弟，组了个团叫 Hero Boy，排练了几个节目，就摩拳擦掌地准备出去大干一场。

第一笔收入，是跳舞得来的。三个人在台上卖力地跳了一晚，虽然个个都筋疲力尽，但是终于开了张，有了收入，每个人脸上都是带着"疲惫而欣慰"的笑容。阿速说："大家今天辛苦了，这是咱们 Hero Boy

的第一次正式演出。这一次做好了，以后生意有的是，会有很多人来找我们跳。大家放心，加油！"三个小伙子彼此打气，信心满满。

当拿到这场演出的报酬时，三个人互相看了看，都咧开嘴笑了。觉得自己的努力没有白费，选择出来演出挣钱的路子是非常正确的。

阿速说，刚拿到钱的时候自己都不敢相信，我哥们说那时候我的表情整个就一傻笑。

"第一场你知道多少钱吗？三个人 50 块钱。现在看来好像挺少，但在那时了不得呀。"阿速掰着手指头说，"那时候我一个月工资一百多块钱，出来演出一天就能挣十多块，半个月就顶我一个月的工资，在我看来是相当不少了。何况这是第一次表演，价钱方面不能挑剔，主要是把我们这个 Hero Boy 的牌子推出去，把我们的名声打响，之后的路就好走了。"

领了演出报酬，随之而来的问题摆在三人眼前：50 块钱，三个人分，分不开呀。怎么办呢？

阿速说："哥们辛辛苦苦跳了一晚上，大家都很累，需要补充营养。我提个建议，每人拿 13 块钱。剩下的 11 元大家伙儿买点吃的，就当营养费。你们说怎么样？"

阿速的两个弟兄认为他说得十分有道理，都表示同意。于是每人分得 13 块钱，剩下的 11 元钱则买了一大包吃的，什么山楂片、瓜子、花生米……三个人拎着一大包，哼着小曲回家了。

"买的那些东西可不少，那一大包，像过年采购的，一进屋把我妈吓一跳。"想起这事阿速就笑，"我妈说我，买这么多这玩意干啥，还不如攒起来，攒多点再分。"

第一桶金

让阿速没有料到的是，第一场演出之后的第二天上午，就有人给他打电话，邀请他们来跳舞。"头天晚上演完了那一场，拿了 50 块钱，

我们觉得怎么也得等几天才有下一场吧，结果第二天上午就有人给我打电话，说这有个场子，你们能不能来，钱都好说。"阿速惊喜得说不出话来，立刻表示马上和弟兄们商量一下。

这种好事哪有不同意的？弟兄们还说，钱的事就交给阿速你了，你去谈，以后也都归你管。"有了兄弟们这份'委任'，我就跟人家谈。那人让我自己报个价。你猜你我跟他要多少？我狠了狠心，跟他要 40 块钱一个人。但是说出口就有点后悔，是不是要多了，人家能同意吗？人家要是不同意，我这第二笔生意不就黄了吗？你猜怎么着，人家很痛快，二话不说就答应了：'行啊，你们来吧。'我立马就后悔了，这明摆着是要少了。但在那之前我觉得 40 块钱一个人，绝对是疯了，根本是不可想象的事，看看我那一百多块钱的工资就知道了。于是我们就去了，这一次把我一个月工资的四分之一挣出来了。"

这场演出之后第三天，又有人邀请阿速。"那时候济南刚兴室内表演，市场挺火，观众都爱看。但是有条件演出的场所少，演员也少。很多活动组织者都在到处寻找，看看有没有好演员愿干。当时我在团队里管洽谈这一块，我就出来找场子。后来固定下来一个地方，就是贵妃居，在北园路明湖大酒店附近。"

阿速回忆着当时的情形。"贵妃居是晚上演出，一般是 6 点多开始演，我们 5 点半到，演到 7 点半。然后再去夜总会，赶 9 点或 10 点以后的场。后半夜我们还会再换一家夜总会，连着赶好几场。平均一天三场，每次 40 元，一天下来能挣 120 块钱。我那个时候就这样疯狂挣钱，自己都觉得厉害，干一天就差不多顶一个月工资，觉得自己有用了，能挣钱，比干拿工资强多了。"

刚开始演出时，阿速靠骑自行车赶场子。那时候他家住在机床二厂附近，每天从段店东边开始骑行，"骑到哪儿呢，骑到现在 101 终点站，金马大酒店那个地方。"这里正是东外环路。仔细一算，阿速每天要骑车 20 公里！

如果再加上晚上的活动：前半夜演出完毕，下半夜再赶场两家夜总会，仅骑车路程恐怕一天要 30 公里！

阿速一天下来的辛苦可想而知。"最后都累成什么样呢？"阿速比画着骑车的动作说，"看过电视上那个慢动作吗？我骑着自行车时的感觉就是慢慢往前挪，像慢动作，一天骑六七十里，每天就是这么挪来挪去的。"

但是白天还要上班，练功、排舞，一个都不能少，阿速从来没有因为晚上外演而耽误白天的正常排练。就这样，白天排练，晚上演出，阿速自言："确实挺累，但是确实有收获。""一天一百多块钱，一个月下来就五六千块钱。这么算，我就和我前女友挣得差不多了。那时候就觉得自己大老爷们能挣钱，在家里说话腰杆也直了，底气也足了。"阿速掰着手指头算着数说。

"我的第一桶金就是这么干出来的，这个演艺事业给了我不小的锻炼。包括跟人打交道，积累上台表演的经验，跟观众沟通，我觉得我学到了很多在将来有用的东西。"

⑦ 演出游击队

如果说社会是恢弘大气的正戏，那么点缀于其中的小戏则是每个人的人生。

阿速，就是社会这部大戏中的一个小角色。这个小角色在济南的舞台上演绎着他自己的人生，且将他自己这部戏演得精妙绝伦。

人生第一辆摩托车

在骑着自行车穿梭于济南的大街小巷，赶往一个又一个舞场时，阿速就有了买一辆摩托车的想法。

"虽然说我那时候年轻身体好，当然现在也不老。"阿速边说边展示他的肩膀，"你看，我还是挺壮实的吧，年轻的时候更壮实，简直就是一头牛。但是时间一长，每天这么个来回折腾法，一天骑六七十里地的自行车，也着实有些吃不消。因为实在是离家太远，所以后来我就总琢磨买辆摩托车，一来可以轻松一些，二来有个什么事也方便。"

于是阿速就把这一想法跟家里人说，结果得到的是老爸老妈的一致反对。"其实二老有这个想法我倒不奇怪，因为那时候我才 19 岁，家里人肯定不会马上同意。"阿速说。

父亲反对的理由是：十八九就骑摩托车，太危险了。小小年纪，愣头愣脑，骑上马路跟机动车一起，怎么能让家里人放心？马路上会发生什么情况谁也没法预料，万一出点事怎么办？

妈妈更直接，她给出的理由是：摩托车太贵，你刚挣了些钱，一把就投进去了。不要挣了钱就想着花，要学会攒钱，将来用钱的地方还多的是，何必花在这些没必要的东西上。

"当时我妈还说了一句：放心，反正我掌握咱家财政大权，我是不会同意给你拨款的，你就死了这条心吧。"说到这里，阿速不由自主地笑起来，"我那时候挣了钱就上交，要用再从我妈那支钱。所以我基本自己手里一分没有，全在我妈那。所以这也是为什么必须要征得父母同意的原因，我没有'财政权'。"

阿速继续说："你看，我爸不同意，我妈更是不支持，合着家里就没一人支持我。我这个郁闷啊，心想，反正这车是非买不可，但是我到底用什么方法才能说服二老呢？我着实为此费了一番功夫，白天排练，想着怎么排练好；晚上演出，想着怎么挣钱；在回家的路上，想着怎么才能说服他俩。这一天我不光身体没闲着，脑子也没闲着。因为只有我自己知道，我爸我妈不是那么好说服的。"

阿速经过思考认为，父亲是一个突破口。"我父亲是个会比较认真地倾听你说话的人，并且会为你分析和指出出路。"

那一阵子，用阿速的话说，对父亲"威逼利诱全上阵"，但是这些手段均被老父亲"看破"，都没起到效果。

最后阿速没辙了，索性向老爸发出"观看邀请"。

"我是真没办法了，就想到这个不是办法的办法。我跟我爸说，爸，要不这样吧，你跟着我，在台下看我表演，咱爷俩一块玩玩去。我爸当即点头，行啊，上阵父子兵，明天我就跟你去。第二天，我爸就跟了我一晚上，看我在台上唱歌跳舞，然后辗转另一个场子再看我在台上唱歌跳舞，演出结束我俩再一起骑车回家。"

这个"不是办法的办法"奏效了。看完儿子表演的第二天，爸爸就主动提起了买摩托车这事儿。

"我都没想到这个办法这么好使，第二天晚上老人家主动找到我，跟我说，咱买个摩托车吧，买个什么样的摩托车呢？"看到自己的"伎俩"得逞，阿速心里有些小得意。他对老爹说："爸，您之前可是跟我妈一样，反对我买摩托车，而且很坚决，怎么今天倒主动跟我提起来啦？"

爸爸开口道："这都是我不好，我和你妈以为你挣了两个钱就想赶时髦，和别人一样买摩托车骑，那我们自然是反对了。但是我昨天跟你一起，亲眼看到你确实是太累了，在上面不停地又唱又跳，跳完了再蹬自行车飞奔到下一家，上去又是唱和跳。哎呀，昨晚一闭眼，想到你为了不耽误下一场演出，拼命骑着自行车，我这心里就不是滋味。你放心，你妈的工作我来做，你只管挑辆好的摩托车，到时候就不会这么累了。"

"爸，我知道你和我妈的意思。"阿速也被父亲感动了，"你们都是为了我好，骑摩托车肯定有它的不安全性，这我都懂。但是我现在活儿多了，没摩托车还真不行。为了赶场，不管有多累，我都不能误点，万一误了场，我这钱就挣不着了。"

父亲连连称是。过了几天，妈妈的工作就被做通了。于是，阿速在19岁那年，拥有了人生第一辆摩托车。

"买到摩托车的第一天，我觉得整个道路都不一样了，看着顺眼多了。我往返各个场子之间的时间至少缩短了一半多，而且也不会那么累了，节省下来的体力可以让我在台上发挥得更好。"

说到这里，阿速语锋一转："当然，我没忘记带着我老爸去兜风。我爸坐在后面，时不时还表达一下他对新摩托车的赞美。看着我爸脸上特开心的表情，我就知道，这摩托车买对了。"

济南室外演出的"鼻祖"

干了十多年演出，阿速把济南大街小巷有表演场地的地方基本摸了个遍。"这我真不是吹牛，我干了十多年，济南哪里有跳舞的，哪里有夜总会，我闭着眼睛都能数过来。"

阿速说："说起这些地方，估计没人比我更清楚，因为这么多年我就是这样风里来雨里去，在这些地方一点一点成长起来的。哪个夜总会搬地方啦，哪个地方修路啦，哪个地方改造啦，当时我是最明白的。"

"我一直做室内演出这一块，后来一个机会，我搞了一场室外演出，那是济南第一家，在济南市室外演出史上是开天辟地的大事，我也就成为济南搞室外演出的第一人。"阿速回忆道，"这种室外演出不是那种大型露天歌舞表演，而是有点像平时看到的马路边上演出的那种，比如说某品牌在超市外头举办一个类似促销或者产品推荐的活动，歌舞表演肯定少不了，也需要主持人主持整场活动。就这个，我是鼻祖，是第一个。"

当时是谁来请阿速办活动的呢？阿速依然记得清清楚楚："说到搞室外演出，就不能不提到科隆空调，就是他们来找我的。先是在室内，他们有一个特别大的演出舞台，每个星期六、星期天在那演出，那时候室内表演早就没头几年那么火了。科隆空调厂家找到我，问怎么才能搞个活动，把人聚集得多一点，让影响力更大一点。"

"很简单。"这就是阿速给科隆空调厂家的答复。现在阿速是这样解释的："老实说吧，当时我也是想让弟兄们挣钱。我就跟那人说，一，我给你找一帮演员，保证把这个事操办好。二，咱们把这个事弄到外面去，扎舞台露天演。"

厂家代表一听，在外面露天表演，从没搞过，来了精神。但很快，他又表示此事很有难度，没有现成的露天舞台。阿速说，这个我想办法。

"于是我从京剧团弄了几个服装箱子摆上，然后铺上红色地毯，再拿上几个麦克风，搬来音响。这些都是京剧团的东西，全部是正规的设

备。"

阿速说起这件事，语气中满满的都是自豪之情。"结果一演，火了！火到什么程度呢？外面大街上都堵车了，公交车都没法走了。没办法，来了一些交警指挥交通。人家都问我们，你们这是在干吗，怎么这么多人？看台边上，大马路上，全是人，站得满满当当的。"

演出当天的火爆程度让阿速和厂家方面都有些始料不及，厂方非常满意，连连表示"之前没有预料到会这样"。

从此之后，好多厂家包括海尔都来打听，问这是谁做的演出，怎么这么好，等等。阿速感叹国人有极强的学习借鉴能力："干广告的人非常有头脑，他们觉得这个挺好，第二个星期就开始有人模仿了，后来这种模式逐渐就普及了。其实说白了我那时候就想让我和弟兄们都挣到钱。"

阿速说，不管是刮风下雨，还是疲惫劳累，一干就坚持了将近二十年，将自己十七八岁到三十多岁的青春全部奉献给了演艺事业，尤其后期创造出露天演出这种演出模式。

露天演出看似简单易操作，实则困难重重。阿速也承认："我个人认为，在外头演出很难，难在哪呢？许多看热闹的人不是来买你东西的，你必须用你的嘴，用你的吸引力，或者说是你的个人魅力，把这些人留在这个地方。后来露天演出竞争很激烈，甚至出现过这种情形：一个广场有四五台演出，那就看谁表演得好了。只要我一上场，那些人就都来了；我唱完了，人就都走没了。"

后来，阿速华丽转型，做了电视民生类节目《生活帮》的主持人。"我是干演艺的，主持过那么大的晚会，都还能把这个事情做好。让我干《生活帮》的主持人，难度肯定自然而然就降低了。为什么我语言比较亲民，因为我在干外演的时候就和各种各样的人互动交流。我认为我的语言，绝对是在那时候打下了基础。"

第二章
与《生活帮》一起成长

⑧ 从游击队到正规军

在京剧团工作领取工资的日子里，以及外出演出挣钱的初期，阿速几乎被生活压力压得喘不过气。

成名后，回想起那时的经历，阿速仍心有余悸："那时候压力特别大，每天都感觉焦虑、烦躁。这时候，我老师王德明出马了，他跟我说，阿速你现在苦点累点，将来肯定比现在要强得多。"

王德明鼓励阿速去考大学。"我老师跟我说，人总是要往高处走的，现在没有点文化水平怎么能行，保不齐你什么时候就需要这张文凭。"阿速在家反复思考了几天，觉得老师说的话有理，就开始看书做题，备战高考。

生命中的第二个贵人

经过认真学习，阿速顺利考上山东艺术学院。

在山东艺术学院，阿速再一次被幸运女神青睐。"到了山艺之后，我又遇上了我第二个贵人，谁呢？就是山东广播电视台著名戏曲导演方利平老师。她是著名京剧表演艺术家方荣翔的女儿，我正儿八经磕了头认她做干妈。现在她退休在家，直到现在我每年都登门拜访，一年至少要去看她一次。"

平时的日子，阿速会给方利平老师打打电话。"中国有句老话叫每逢佳节倍思亲，我这是每逢佳节必登门。"从 2002 年到现在十几年的时间，每年到方老师家里坐坐，成了阿速必定要做的事情。"老人家家里有什么事，我必须要到，这也是我作为徒弟应尽的一点义务。"阿速说。

阿速上大一时，突然有一天接到方利平老师的弟弟方利民的电话。方利民老师在山东电视农科频道任职。"方利民老师跟我说山东卫视有一档汽车栏目，叫《阳光车界》，正在招主持人，他推荐我去应聘。我问方老师我能行吗，他说，可以啊，你现在又没事。我说，我现在还在山艺上学。他说，没事，来来来。就这样，我就跟主持人职业搭上了边。"

经方利民老师的引荐，阿速这个主持界的"游击队队长"终于和"正规军"搭上了界。

不得不说，方利民的眼光犀利而准确，在千百人中一下就瞄准了阿速。"后来逮着机会，我就问方利民老师，我说当年您怎么就挑中我了呢？方老师起先是笑而不语，后来看我确实挺想知道，就跟我说，他知道我曾经主持过很长时间的外演节目，觉得我来当电视主持人没问题。"

由此，阿速走上了主持之路，开辟了自己的新事业。

与广播电台结缘

在阿速临近毕业的时候，恰逢山东人民广播电台招人。

阿速在社会上演出，在圈里挺有名气。"只要在这个圈里，没有不认识我的。"阿速说，"那时候一提阿速，那都是这个（伸出大拇指）。因为跟着我，从来没有赔钱的，我其实就是穴头（经纪人）了，一个人能组织四五十个人的演出。他们都听我安排，只要我一安排，他们二话不说，就都跟着我去了。我带着现金，演完我就分钱，从来没欠过任何人一分钱，所以我在圈里的口碑非常好。这件事说明了一个道理，做什么都要先做人。你看我在金钱上从来不拖欠别人的，所以大家觉得跟着我干行，我才能有这么多的人脉。要是我抠抠索索，谁还乐意跟着我干？自然有任何好事也就不会想到我了。"

关系铁，这是阿速对自己和朋友们关系的评价。"那时候大家都特别喜欢我，山东人民广播电台林雨台长和孙燕杰台长都和我很熟，也很

喜欢我，常叫我去他们那弄广播。当时他们那没有男主持能主持现场晚会，所以就想到了我，找我给他们台里帮忙。"

有一天下午 4 点半，阿速接到孙燕杰台长打来的电话。

"他那时候干交通广播，是个主任。"阿速回忆着说，"他跟我说，吕素鹏，你干吗呢？我说，我在上课呢。他说，我们这儿搞了个活动你为什么不来？我说，什么活动？他说，你居然不知道？我们这个活动叫'寻找山东好声音'。这个好声音是播音好声音的意思，不是选歌手。"

山东人民广播电台搞这个活动，主要是为了发掘新人，引进人才。阿速说："一共要了 10 个人，我排在第七，前面都是些老同志。对于一个新兵蛋子，这个成绩让我挺满意了。"

阿速是最后一个进考场的。"我什么都没准备，底下专家坐了一大片。经过初赛、复赛，把我留下了。最后到总决赛，我也没问题，得了个第七名。"

阿速说："我被分到了山东人民广播电台。其实之前我在山东人民广播电台做过两年的现场直播广播节目，叫《戏迷喜相逢》。同期我还做着《阳光车界》。电台方面想找一个又懂戏曲又挺灵活的主持人，于是安排我在每个星期六下午3点到4点现场直播，后来这个节目获得了全国播音类节目的三等奖。"

　　山东人民广播电台《寻找好声音》栏目想和阿速签约。"实话实说，我当时确实不太想回剧团了，毕竟剧团的收入实在太低。于是我就说，能不能等我6月份毕了业，再来跟你签这个合同。"

　　于是，阿速和山东人民广播电台签了一份"含混"合同。"就是'吕素鹏毕业之后，来我台进行实习'这样的合同。"阿速说，"签了这个合同，我就以为我的一生至少会有很长时间干播音主持这一行了，但是后来的事实证明，计划永远赶不上变化。"

成为《生活帮》"帮主"

　　"大概是在2006年5月中旬，《生活帮》找不到主持人，很着急，便到处托人寻找。"阿速说，"结果找到很多'备用人选'，但领导挑花了眼，挑得焦头烂额，到底选谁？于是就将每个'备用人选'录了一段视频选段备用。"

　　阿速说："领导看播出带来选人，今天看几个人，明天再看几个人。这样每次最前面放的那个就有点吃亏，领导基本就记得后面的人。"

　　一天，看带子快结束的时候，阿速出现在了屏幕上，正是《酷车地带》的镜头："观众朋友们，今天我们的酷车时间就结束了。明天同一时间再会，拜拜！"领导当即拍掌："这孩子是谁？"有人说，这是我们一个外包的广告公司的节目，叫《酷车地带》。领导说，把这孩子叫来试试吧。

　　于是阿速来了。"就是走狗屎运吧，'捡漏'了。"说起这件事，阿速一脸无辜的表情，"当时来了不知道怎么回事，这是从哪砸下来的一个大馅饼啊？"

领导很英明，想了一个办法，在小区里头选角色。"就在银座后头那个棋盘街小区，找了很多的大叔大妈，把他们接到审片室坐下，放片给他们看，看完了投票表决。"

这个选拔方法，源于台里领导"生活的就是大家的"理念。"领导说，《生活帮》是帮大家的，大伙喜欢的，那么我们就要他。"

阿速说："结果一选完，我是全票当选。于是领导就跟我说，你，6月1号之前，来生活频道。广播电台就问我，你是到广播电台还是到电视台？我心想，电视多洋气，于是我就说去电视台（说到这里阿速笑了起来）。我就这么上了电视台，去了《生活帮》。"

2015年，《生活帮》"背老婆大赛"

"我经常是被剩下的。当都找不到人的时候，就找到我了。"说到这里，阿速笑起来。

　　阿速特别提出："我有一件衣裳，你一定要看。我在《生活帮》十年，每年的 6 月 1 号都要穿它一次。"

　　"因为那是我的幸运服，是因为我穿这件衣服被大叔大妈选上的。为什么呢，他们觉得我肩膀特别壮，老太太说我，你看这个孩子多壮实。他们是按照选女婿的标准选的我，这是他们自己说的。其实大叔大妈一看我，长相也挺忠厚，就打心眼里喜欢。而且我说话的风格又很贴近他们，所以他们就选了我。"

　　上了《生活帮》，阿速就开始了紧张的直播生活。"当时忙到连饭都没时间吃，只能在工作间隙抽空吃，还得吃包子，因为吃包子可以边吃边干活。"阿速说，在《生活帮》工作很辛苦，但没有一个人喊苦喊累。"因为大家都是这样，久而久之就习惯了。"

多年后重回《酷车地带》

当阿速回到《酷车地带》看望老同事老领导的时候，导演和编导都说："阿速，你的进步是我们完全无法想象的。"

"他们说，阿速，我们没有想到你会变成今天这个样子，之前我们感觉你根本没法做电视。没想到，你几年之后几乎脱胎换骨。"阿速说，"我的老领导说，如果当年我没用你，那肯定是一个大失误。"

说起如何取得今日的成就，阿速也表示很疑惑。到底为何会走上电视主持之路，他也不明白个中原因。"因为当时我不知道下一步会怎么走。"阿速说，"但是当机会来了，它却只眷顾有准备的人。"

王德明老师曾跟阿速说过一句话，让阿速铭记至今。

"他有一句话到现在我都记着。他说，有钱吃蹦虾仁，没钱吃虾米皮。他又指着我们练京剧用的红地毯说，你跟谁要钱啊？跟谁要房子啊？跟谁要老婆啊？你得跟它（红地毯）要。为什么跟它要，因为你这几年要在这练功，你要把这块吃透了。这跟'书中自有黄金屋，书中自有颜如玉'是一个意思。读书人是看书，我们是演戏，就是看你在这块地毯上的真本事。电视也是这样，刚开始不懂，经过锻炼之后，就能把这个吃透了，这就是'电视也有黄金屋'。"

"阿速"的由来

谈起自己名字的由来，阿速来了精神。

"阿速这个名字，是《阳光车界》的王旭东老师给起的。"阿速说，"当时主持人得有艺名。为给我起艺名，王旭东老师先是问平时大家都叫我什么。我说他们都叫我小吕、小速、阿鹏。"

"叫阿鹏，是因为我那年在济南阿波罗迪厅演出时，有一帮云南的朋友，她们就叫我阿鹏。有个电影叫《五朵金花》，里面有一个角色叫阿鹏哥。因为我的名字有'鹏'，她们就叫我阿鹏哥。"

结果这个名字被王旭东老师否决了，说"阿鹏"不好。于是他又想到了"速"，说汽车不是有速度吗？叫阿速挺好。于是，这个名字一直沿用至今。

后来阿速在一次活动中认识了一位"风水大师"，"大师"一听"阿速"这名字，连连摇头。他说，阿速这名字，一听就是一个奔波的命。速度代表的是跑来跑去，意思就是你的每一分钱都是靠你拼命努力挣回来的。

他给阿速算了一卦，结果显示阿速命里缺木缺土，是个金命。于是给阿速起了一个名字，叫阿桂，正填补阿速缺少的木土。

当时正演着电视剧《家有仙妻》，里面有一个特别滑稽的角色叫阿桂。"当时我媳妇说，你要敢叫阿桂，我就叫你吕桂花。"阿速笑起来，"我也觉得阿桂这名难听，靠脚踏实地地干，挣来的钱才踏实。再加上阿速这名一直用了好几年，舍不得放弃。所以现在有些很好的朋友叫我桂哥，就是这么来的。"

❾ 十年《生活帮》

2006年6月1日，《生活帮》横空出世。从诞生那天起，这个民生类新闻节目的名字就存在着争议。有人说，《生活帮》的名字带了点江湖气；有人说，《生活帮》名字体现不出山东特色。可在《生活帮》全体成员看来，它充分体现着山东有线电视中心一贯倡导的"创新、创意"的工作理念，洋溢着对老百姓们的真诚、热情和关爱。

"有事您说话，热心生活帮"，这是《生活帮》栏目的宣传语。作为一个"帮百姓说话、帮百姓办事、帮百姓解闷"的民生新闻栏目，《生活帮》干的是实实在在的"为人民服务"的事业，在山东新闻界产生了深远的影响。

同百姓生活密切相关

最丰富的新闻资源，往往来自于老百姓的街谈巷议。立足公益，总是让《生活帮》能够及时挖掘到最新的资源。从2008年底开始，《生活帮》关注百姓食品安全领域，通过调查暗访，一大批危害百姓食品安全的黑窝点被曝光和查处。粪水小龙虾、化学羊肉汤、药水泡豆芽、鸭脯羊肉卷……这些行业潜规则被揭穿，更是引起了全社会的强烈反响，成为市民纷纷议论的话题，也引起了执法部门的高度重视。

如今，《生活帮》已经成为"为百姓衣食住行保驾护航"的"白衣天使"。

也正是由于同百姓生活密切相关，时刻关注百姓关注的领域，《生

活帮》制作了大量的优秀新闻作品。在 2009 年度山东广播电视大奖的评选中，《生活帮》成为全省获奖最多的单一栏目，而这只是《生活帮》众多荣誉中的一项。

不仅获奖众多，《生活帮》的收视率也创出了奇迹。多年来通过对民生新闻的深度关注和持续挖掘，栏目的社会影响力和收视率都得到了质的腾飞。在胶东半岛的烟台、青岛、潍坊和鲁南鲁北等地，都掀起《生活帮》收视狂潮。

一个"帮"字，蕴含了《生活帮》节目的立足之本。《生活帮》的记者都称"帮办"，主持人则被称为"帮主"。因为他们不仅仅是新闻的报道者，更是众多民生事件的参与者。在冲突和矛盾面前，《生活帮》勇于做社会良知的守护者。在普通民众遇到困难时，《生活帮》会竭其所能第一时间寻找到民众发出的呼声，帮助他们解决自身的难处；当遇到危难关头时，他们勇敢地冲上去，表明媒体的立场，维护社会的公平正义。

与《生活帮》一同成长

2006 年民生新闻节目《生活帮》开播，到 2016 年，共播出几万条片子，帮助过的群众数以万计。当年那个默默无闻的"帮主"阿速，也随着《生活帮》的成长而快速蹿红。作为《生活帮》掌勺的"大厨"，曾被人称作"扛把子"的阿速，总能将看似简单的新闻原料烹调得色香味俱佳，让人垂涎欲滴。

不少人都被阿速的敬业和执着打动。每次被问及此事，阿速都会用手指指着自己的心，作为回答。"社会在发展变化，人的思想观念也在发生着变化。以前的人大多数都是一份工作干到底，用现在的话来说就是'一条道走到黑'。但现在不同了，所以很多人看到我十年在一个地方工作，坚持做着一个栏目，就觉得简直没法理解。"

谈起与节目一起走过的十年，阿速说："我和《生活帮》的关系

《生活帮》3·15特别节目直播

是多样化的，像夫妻，像父子，又像兄弟……可以说，没有它就没有我，我们一起成长，不可分离。十年下来，虽然自己年龄越来越大，但内心的热情和激情却从来没有减退。"

《生活帮》自开播以来，不少人从中得到了帮助，解决了困难。看到那么多人通过节目得到了帮助，阿速觉得很欣慰。"希望《生活帮》能一直这样走下去，继续帮老百姓办事说话，迎接下一个十年和更多的十年。"

回忆起自己跟《生活帮》的结缘，阿速说，全靠大叔大妈们的成全。

在主持《生活帮》之前，阿速虽然也有不少主持经验，但大多主持的是外场演出或者休闲和儿童节目，如何做新闻节目主持人，对阿速来说是个新的课题。"我是戏曲演员出身，没受过专业的主持训练，不知道在演播室里该如何做。刚一开始，确实有点摸不着头脑。后来我想还是用自己最擅长的方式主持比较好，也就是说用娱乐化的状态，说口语化的新闻。其实说白了，就是跟大家拉呱，跟观众唠嗑。在我看来，主持人其实就是跟观众聊天，轻松自然才能跟观众进行更好的

《生活帮》直播中……

沟通。"

　　为此，阿速还参与了节目的串词，用他自己的语言对新闻进行改写点评。做上"帮主"后，阿速每天下午2点到台里看当天要播的新闻，然后花一个半小时把所有的评论写出来，5：50上节目，天天如此。"前几年一天也没休息过，因为刚起步，组里人手少，一个萝卜一个坑，甚至一人要身兼多职，所以大家都不请假，都一直坚守着自己的岗位。"

　　终于，在《生活帮》全体工作人员的努力下，节目有了固定的收视群体，有了让同行羡慕的收视率。

　　阿速的第一次请假，是在《生活帮》办了将近五年后，因为女儿说她没看过大海，阿速就带着老婆女儿去看了大海，以此弥补一点儿他对家庭的亏欠。

　　阿速的女儿跟《生活帮》同岁。"我的女儿跟《生活帮》一起长大，我也是跟着《生活帮》一起成长。如今十年过去了，名气也有了一些，走到哪里都有人跟我打招呼，这都要感谢这个节目。"

　　不过，阿速也坦言，名气大了，找他寻求帮助的人也越来越多，自己的责任也越来越大了，帮助别人成为自己前进的动力。《生活帮》曾帮助过一个叫小璐璐的女孩，阿速印象深刻。滨州女孩小璐璐的母亲遭遇车祸，被撞成植物人，不久死亡；父亲在索要赔偿款的途中又遇车祸被撞身亡；妹妹被查出患有脑瘤。一系列的灾难都降临到了这个小女孩的身上。面临着突然失去双亲的痛苦和巨额的医疗费，12岁的小璐璐无力应付眼前的困境。

"我们《生活帮》知道这个事情后，就发起了救助小璐璐的行动。无数好心人纷纷捐款，几天的工夫就捐出了巨额款项。还有很多人打电话提出要收养这两个不幸的孩子。医院决定免费给孩子进行治疗。在全社会的共同努力下，孩子最终得救了。小璐璐的亲属从银行打印出捐款人姓名名单，长达几十米，把它作为传家宝，表示要永远铭记好心人。"

阿速说，栏目组这些年组织了很多类似救助小璐璐这样的公益活动，比如帮助残疾女孩实现"火柴换学校"的梦想，建立残疾幼儿康复学校；举办"送温暖"活动，给山村小学安上了采暖炉、电热板；发起"天使微笑行动"，关注瓷娃娃"脆骨病"患者，爱心救治唇腭裂患儿……"看着这些从困难中走出来的人，会觉得做这个节目很有成就感，而这也正是我们前进的动力。"

阿速与《生活帮》一起走过了十年，他觉得自己对节目的感情越来越深，《生活帮》成了他生活中不可分割的一部分。"这十年来，我们的节目一直在变，没有一种固定的模式，总是在探索和创新，希望能永远带给观众新鲜的感觉，我也希望能跟这个节目一直走下去，坚持再一个十年，坚持更多的十年。也希望观众朋友能一如既往地支持我们。对于我来说，观众就是衣食父母，没有他们的爱护与支持，我们走不到今天。"

10 "帮主"背后的辛酸

荧屏上的阿速，呈现给观众的永远都是一副乐呵呵的样子。这不禁令观众好奇：生活里的阿速是什么样子？是的，他是京剧演员出身，国家二级演员，也是主持人，主持过的栏目除了《生活帮》还有很多，但他乐观向上、爱岗敬业等生活态度，观众是看不到的。

比如：为了不耽误节目录制，又能在第一时间看到女儿来到人世间，阿速选择了让妻子剖腹产，提前让孩子出生。本能够顺产的吕欣儒就这么被阿速在手术单上"大笔一挥"，经由剖腹产和爸爸妈妈见了面。对此，阿速表示很愧疚："我欠她娘儿俩的太多了，如果将来我闲下来了，一定多陪陪她们。"

为主持倾注心血

为办好《生活帮》，阿速可以说将全部的精力都投入了进去。"现在静下心来想想，好多事都是有前因有后果的，有付出就有回报。《生活帮》深入人心，大家那么喜欢，跟前四年一天不歇班是有很大关系的。当然，任何事情仅靠个人是不能完成的，团队合作在这里面发挥着决定性的作用。"

阿速主持节目从不念别人写的词。"为什么呢？别人的话和你自己的不一样。你说别人的话，那就不是你自己的风格。"阿速说，"有一次我在威海搞活动，根本就没有准备稿子，但是我就敢上去拿着话筒说。而且说完了，很多人表示很不错，证明我至少是发挥出了正常的水平。

没有点真功夫，前言不搭后语，节目肯定不会让观众满意。"

观众都知道阿速写的书，但都不知道他自己写串词。阿速说："所有的人都害怕串词。十年中，我将家长里短都说干净了。"现在的阿速，有一个特别强烈的愿望：想停下来进修，找个地方学习学习，再充电。

担任《生活帮》"和事佬"选拔评委

但是现实条件不允许。"虽然我有停下来继续学习进修的想法，但是现在没有这个条件。"阿速摇着头，不无遗憾地说，"一个是做节目确实停不下来，大家伙就觉得阿速就是《生活帮》，《生活帮》就是阿速，他们是不可分割的一个整体。所以有时候《生活帮》换了别人主持，就觉得失去魅力了，短期内至少是这样。其实，地球离了谁都能转。可能时间一长，观众就移情别恋了。"

观众是最有情的，同时也是最无情的。有情的他们，毫不吝啬自己对阿速的喜爱之情。他们把他高高举起，捧到云端。"但我非常清楚地明白一件事，那就是他们今天能捧红我，明天随时也能让我从云端跌到谷底。"阿速说，"只要跟不上时代了，主持的节目不符合他们口味了，他们就会抛弃我。如果我自己不进步，不努力，那么这件事随时都有可能发生，也许是十年，也许是十天。"

前期主持没少挨骂

　　"之前我主持《生活帮》有一个很大的误区。"阿速说，"因为我以前一直主持外场，都是大型的露天场所，比如什么 4S 店，所以说话声音很大。'欢迎收看今天的《酷车地带》，那么今天给大家介绍的这款车……'为了让观众能听清我说的话，在外场我的调门很高，可能这和我原来唱戏也有关系。观众看别人的节目，比如小么哥的，可以躺着看，但是看我的节目得坐起来瞪着眼看，因为我的声音让他们紧张。"

　　"你挨过骂吗？"面对这样的问题，阿速坦然表示"那太多了"。虽然他认为批评谁都挨过，而且批评不一定是坏事，但是当时的他委实经受了一番折磨。"现在网站里面已经很少有骂我的了，但是早些年我被骂得不堪忍受，现在还能查到早些年骂我的话。"阿速表情很平静，

《生活帮》直播前串词写评论

"有人说，怎么出来个叫阿什么速的，一个济南大老爷们叫阿什么，南方人才这么叫。"

阿速说，网上有一个很坏的风气，就是对新节目不问青红皂白地进行漫骂。微博论坛网站差不多全是在骂，从内容上分析，骂人者有的是内行和竞争对手，他们就在看主持人的笑话。

"说实话，《生活帮》刚创立时，什么模板都没有，质量的确不尽如人意。现在已经有不少频道做类似的节目，比如《生活直通车》。但那时候大家伙一看新上了节目，立马口径一致，调准炮口炮轰他。他们骂得很难听，这是个什么玩意儿，这是个什么主持人，这节目能看吗！好似都是现在水军的攻击。但当时没有水军，都是专业人士在攻击。"

"一开始我是不服气的，他们这不是胡说八道吗？但我仔细一看，全是专业人士，说得都很到位，那话都往你肉里头扎。"阿速严肃地说，"打个比方，你写了一篇文章，其中排比、比喻有些问题，人家就说你这个排比有问题，你这个比喻有问题……一针见血，不用绕弯。"

看来话糙理不糙啊！

阿速说话声线很高，批评者就说，这个人怎么回事啊，唱歌出身的吧。"那时候正是我寻找和调整主持风格的时候，所以我的风格就有点漂浮不定，没想到这也能成为别人攻击我的借口。"

对此，阿速一脸无奈："其实人做事都是这样的，在没有找到稳定风格的时候，都要左右摇摆，甚至走上岔路，最后摸着正路，才能一帆风顺。但当时批评者不这么想，不给我充足的时间去适应，所以前期我没少挨骂。"

说到主持人的风格，阿速认为，不要因为别人主持节目火了，就盲目跟从，这是不对的。"要适合自己的风格，才是好的。不能盲目模仿别人主持的风格，否则可能今天你的风格左了，明天你就右了。现在我站在这里就是这个样子：大家好，欢迎收看今天的生活帮，我是阿速。一副邻家孩子聊家常的感觉，这个就是真实的我。"

阿速接着说："我这种风格，现在你会觉得很平常，但是当时是没有的，因为《生活帮》和阿速那时都初出茅庐。我不能用之前主持汽车栏目的经验和方法，来盲目套用到民生节目上，我必须寻找适合《生活帮》氛围的主持风格。最后找出了一套办法，大家逐渐也认可了我。我和别人的风格的确好像不大一样。"

美女主播同《生活帮》一同成长

在《生活帮》的大家庭中，主持《生活帮·焦点版》的美女主播陈曦算是一名"新人"。几年前才进入山东电视生活频道的她，虽然与山东观众见面的时间不长，却也虏获了一大批"帮迷"。阿速也对这个小妹妹赞不绝口，经常讲起她和《生活帮》一起成长的故事。

很多观众并不知道，如邻家小妹般的陈曦，第一份工作是新闻主播。播报新闻的主持人也可以播报民生节目？陈曦用自己的实力告诉所有人，可以。

不同于阿速的"半路出家"，陈曦是正经八百的新闻科班出身。她毕业于中国传媒大学，第一份工作是在杭州电视台做新闻主播，一次偶然机会，她来到了山东，成为山东电视生活频道的一名主持人。

新工作、新环境，对陈曦来说是不小的挑战。因为以前播报新闻，她要保持严肃，要照着稿子一字不落地念出来，不能有任何自己的思想和情绪的表露。"《生活帮》的这些表达方式在播新闻的时候，都是不允许的。"阿速说，"新闻主持人就该严肃，就要正襟危坐。"

而在《生活帮》这样的民生类新闻节目中，主持人却需要加入一些自己的评论，主持风格要更亲切一些。《生活帮》每期节目直播前，主持人都要跟栏目组一起梳理当天栏目中的新闻，加入自己的理解，力求说出观众们想听到的话，或者说出观众们想说却无处说的话。"这就要求主持人有丰富的生活阅历，而这是刚刚走出校园的陈曦比较欠缺的。"阿速说，"当时陈曦为此也很是苦恼，所以主持《生活帮》的过程，也是这位科班出身的美女主持人成长的过程。在主持《生活帮》最鲜活、最接地气的新闻过程中，她的眼界越来越开阔，学会了如何'换一个角度看问题'。"

在很多人看来，主持人是一份光鲜亮丽的工作，其实在光鲜亮丽的背后还有高强度、高压力。对此阿速深有体会，有一次他发现，陈曦的嗓子是沙哑的。一问才知道，原来她那几天发高烧，嗓子疼得厉害，但这丝毫没有影响到她的工作，镜头前的她依然神采奕奕。"作为主持人，不管自己在台下是什么状态，只要镜头一开，我们就要把最好的状态呈现给观众。"

超模主持《就你不知道》

在 2011 年山东卫视各频道全力改版之际，生活频道也对《就你不知道》做了全新改版，并将 2012 年全年定为"创意年"。

在新改版的《就你不知道》中，侧台主持人要与选手进行第一时间的沟通，将选手最真实的一面发掘出来，使节目内容更丰满，观感性更强。这就要求主持人有深厚的功力，能够在最短的时间内与选手互动起来。主持人王琳琳凭借自身的亲和力，以及大胆、有趣的主持风格，

现场活动人山人海

很快进入角色，给观众带来不同的节目体验。

谈到王琳琳以前的从业经历，阿速揭秘道："王琳琳说过，她是卖豆浆机的！"原来在做主持人之前她一直是电视购物的模特，在一次简短的试镜后，王琳琳走上了电视主持人的道路。谈到那一次试镜，阿速笑称，王琳琳到今天仍兴奋不已呢。王琳琳模仿了一段郭德纲的简短表演，让节目组一眼相中外向活泼的她，并且对她寄予厚望，希望将她打造成山东版"谢娜"。

好的开始并没能使王琳琳的主持之路一帆风顺。在主持事业开始之初，王琳琳曾陷入僵局，缺乏经验，抓不到节目的谈话点，使得王琳琳的镜头越来越少，一度成为节目中的花瓶。但经过一段时间的磨合，她渐渐与搭档培养出默契，并且其泼辣的性格也获得了观众朋友的喜爱，得到了更多粉丝的支持。

谈起阿速，王琳琳对他赞誉有加，感激之情溢于言表，称阿速虽是知名主持人，但毫无架子，平易近人，平时对自己也很照顾，在工作方面帮助颇多，使自己快速成长。王琳琳还道："不应该叫他速哥，应该叫他速老师。"亦师亦友的关系让这对主持人迅速磨合，成为新的"黄金搭档"。在新改版的《就你不知道》中，两人的表现让观众耳目一新，给观众带来更多视听享受。

王琳琳不仅外形出挑，而且多才多艺，唱歌、跳舞、表演通通难不倒她，可谓"十八般武艺样样精通"。谈到王琳琳未来的发展，阿速说："琳琳曾经说过，《观音山》的导演李玉也是主持人出身，后来做了导演，成功走向世界。她热爱表演，现在虽然是主持人，但以后走向好莱坞也不是不可能的！"而这正是阿速最喜欢王琳琳的一点：开朗、自信。"就是这种自信开朗的性格，让王琳琳看起来熠熠发光，也感染着周围的人，不自觉地陷入她的魅力之中。"阿速说。

"王琳琳平时主持非常努力，对自己也要求很高。因为她不是科班出身，所以她想再次走进校园进行更专业的学习与训练，使自己更有实力。"阿速笑着说，"相信学成归来的王琳琳又将进行一次完美的蜕变。让我们一起祝福她吧！"

⑪ 让梦想飞，阿速华丽转型

《让梦想飞》这个娱乐节目让阿速获得了全省牡丹奖最佳娱乐节目主持人奖。

"我一个生活类的主持人，居然获得了一个娱乐类的奖，简直不可思议，真是个历史的误会。"阿速一笑，一摊手，摆出一副"我也很困惑"的样子。

选择《让梦想飞》的主持人，和选《生活帮》主持人有着惊人的相似之处。起初找不到主持人，找了很多人都不合适，请名人费用不够，调人来其他频道不放，比如想请小么哥，结果齐鲁台不同意。

2012 年的 7 月份，阿速成功减肥 20 斤，全因为主持《让梦想飞》。"为啥我瘦了，因为在主持《让梦想飞》的前四天，直接睡不着觉，一下就瘦下来了。"阿速说。

阿速搞娱乐，靠谱还是不靠谱？

新闻主播到娱乐节目当主持人，能行吗？

话说隔行如隔山，把新闻主播放到娱乐节目上，到底能嫁接出一个什么样的风格？这实在让人好奇，也让人有几分忐忑。

在阿速心目中，《让梦想飞》其实不是传统意义上的娱乐节目，而是以家庭为单位，以圆梦为主题，才艺只是晋级的手段。

不过，主持了多年民生新闻，阿速都是一个人对着镜头不停地自说自话，有时自己逼着自己乐起来。现在突然站到舞台上，看着台下一片观众，手底下还有一帮人随时听他使唤，阿速突然觉着有点蒙。

但是，终于不用像关禁闭一样自说自话了，终于能跟着大家一起疯一起哭一起乐。阿速坦言："这种感觉，真的很棒。"

《让梦想飞》说到底还是贴近生活、服务百姓的一档特别节目，和《生活帮》有相通的地方。

阿速承认，敢于接下这个"烫手山芋"的最大原因是："我不想就这么把自己局限住了，所以我想寻找一些不一样的东西，在一个崭新的平台上去挑战自己，带给大家一个崭新的阿速。"

而《让梦想飞》在这个时候给阿速抛来了橄榄枝，可以说，阿速跟《让梦想飞》也算是一见钟情。总之，《让梦想飞》的舞台让阿速重新焕发了活力，给了阿速更广阔的施展平台，让阿速得以在这个舞台上大放异彩。

《让梦想飞》完美飞起

"当时真是迫在眉睫了，第二天就要到泰山拍宣传片了，找不到主持人。领导说，要不然先让阿速顶上吧。"就这一句话，阿速上了《让梦想飞》。

"行啊，硬着头皮上，我就去了。制作组请来的是超女的导演刘洪俊，还带来一个团队。他们没有这频道和那频道不同的概念，他们欣赏谁，就把他弄来做主持人，结果欣赏的人一个都没弄来，最后来的是我，刘导很难受。"

据阿速说，刘洪俊说一个民生类栏目的主持人，怎么来主持娱乐节目？不行不行。

谁知等到了泰山顶上，刘洪俊和阿速交谈甚欢。最后刘洪俊竟对阿速说，阿速将来是山东的汪涵，假以时日，成就不可限量。

阿速说："在玉皇顶上，我们俩聊。他说既然由你主持，那你对这个节目有什么看法？我知道《让梦想飞》是个选秀类节目，于是就跟他大谈特谈，把我的很多想法跟他讲了。他说，好，这想法太好了！他这个人就是包容性特别强，他有他自己主持的想法，但是你的想法好，他也会吸取。"

聊天中，刘导对阿速说得最多的一句话就是：你很有想法！"因为我动脑子了。"阿速说，"这个节目我想过，脑子里已经形成一个蓝图，作为一个主持人我应该发挥成什么样，我就都跟他说了。他给我的评价是，不错。"

录完了宣传片，回到台里准备第一期节目的制作。刘洪俊说："阿速，你知道我是从什么时候开始放心的吗？是从你跑上去说：'现场和电视机前的观众朋友，欢迎收看由×××冠名播出的《让梦想飞》。我是阿速，欢迎各位！'从这第一句话开始，我放心了，OK，这就是我要的主持人。"

《让梦想飞》荣誉如潮

阿速在《让梦想飞》的舞台上主持了三个月，节目收视率达到了4.9%。在济南电视台工作的同行传来消息：我们开会了，研究为什么《生活帮》之后，《让梦想飞》收视率异常高，所有人包括领导全部坐下来学习。还有山东综艺频道的人也组成团队，到录制现场学习。"就是这样。"阿速说，"这些都是真的。"

有一句话叫，不怕万人看，就怕艺人瞧。阿速解释说，其实这个艺人就是圈里头的、内行人的意思。如今内行人都叫好，可见《让梦想飞》名不虚传。

《让梦想飞》这一个节目带动了整个生活频道。2012年山东电视台所有频道的广告收入全部下降，只有生活频道逆流而上，上涨了20%。

"还有一个好消息要告诉大家，我获得了全国主持人新星奖。去年我报了两个，一个是金话筒奖，一个是主持人新星奖。这两个奖的要求是，主持人必须主持两档节目以上，我正好是俩，申报的是我录制的《让

梦想飞》的样片。"

得奖后的阿速喜不自胜。"山东台一共去了四个人，卫视两个。这是第一年投票产生，不是领导指派，我就是被投票产生的。最后金话筒奖给了两个新闻联播的主持人，我们因为第一次参加，所以就被砍掉了。"

不过，阿速又说，得了新星奖其实很惭愧很尴尬。"你看我今年都快40了，才得了一个主持人新星奖，让我情何以堪。"阿速笑了笑，"其实我觉得这是对我的一个鞭策和鼓励，我也给自己设了一个新的目标，希望我能早日获得终身成就奖，其实我都想好了我的感谢词。"

主持《让梦想飞》，阿速也付出了很多心血。前四天，他真的没有睡着，压力很大，焦虑不安。在台上该说什么词，在脑海里反复酝酿过。为什么压力这么大？因为《让梦想飞》是一个崭新的舞台，台下一片全是观众，这是《生活帮》所没有的。

"《生活帮》就是一个演播室加一个摄像机，你对着摄像机说话，自己给自己'嗨'。但是《让梦想飞》是我一个人站在舞台上，跟选手进行互动，还要迎接对面三个评委对我的'挑衅'。既要注意控制节奏，

主持《让梦想飞》

还要挖掘选手最闪光的地方，还要和他们斗嘴，脑子必须转得快。除了开头的词是定好的，中间的词全靠你自己现场发挥。"

《让梦想飞》的录制强度非常大。因为聘请了湖南卫视的娱乐团队，他们对现场、灯光、化妆效果等各个细节的要求几乎到了苛刻的地步，经常一点不满意就要重新来过，一天不间断地录制八九个小时那是常事。

虽然辛苦，但刘导带领的团队对于品质的要求和对完美的执着追求，给阿速留下了极其深刻的印象。阿速说："都说站着说话不腰疼，哪能不腰疼啊？呵呵。不过，看到录出来的舞台效果非常棒，再累也值得。"

在《让梦想飞》的录制现场，阿速常常被那些执着的追梦人感动。他们的才艺、执着和不放弃，带给阿速强烈的震撼。"能打动我的，肯定也会打动观众。"阿速说，"还有，现场不少重量级的神秘嘉宾评委，会让这个梦想舞台更吸引人。当你把目光集中到《让梦想飞》的舞台上时，你会发现处处闪烁着感人的泪光。"

《让梦想飞》一天录好几场，从早上八九点钟开始一直到晚上十二点，录了三个月，阿速也苦了三个月。但当他回头看的时候，发现这一切都"很值得"。

"《让梦想飞》带给我的，远远高于我对它的付出。"阿速说，"其实生活就是这样，要有回报，必须要有付出。而且当我回看《让梦想飞》的付出时，我发现跟回报比，付出简直不值一提。"

谁让我的梦想起飞

在阿速主持《生活帮》一年后，有位业内人士与阿速聊天。"那位老师说我是一个非常好的生活类节目主持人，我就不服。"阿速说，"我说我该是一个特别好的娱乐节目主持人。当时还没有《让梦想飞》，他也不知道我的经历，他对我的了解仅限于我主持的《生活帮》。"

"其实，我是专业戏曲演员，国家二级。从19岁就天南海北到处跑场子，从事戏曲演艺也有20个年头了，所以主持民生新闻也就不算什么了。所以说，对我个人而言，各种舞台经验的底子还是有的。"

的确，刚开始主持《生活帮》时，阿速调动了他所有的积累。"我把我所有的才艺都加在了我的新闻里。比如说两个人一起走，我就会先哼一段小曲儿，'我们俩一起打着一把小雨伞'。然后我会说，你看下雨天是最浪漫的时候，最后我再开始说我的新闻。这样观众的情绪会被你带动起来，再听你说枯燥的新闻就容易得多。

有一次阿速在演播室里和外面一位观众连线，外面的那位观众翻了个跟斗。"他说阿速老师你能不能也来一个，于是我把耳机一放，说摄像看我，我也翻个跟头。于是我就真翻了个跟斗。"

"通过这种方式，把观众吸引过来，然后我再说我的新闻。还有斗鸡眼的故事。有个人要跟我比才艺，他说他会一个耳朵

担任第十一届全运会火炬手

动，我说我也会。我说我会一个眼睛动你会吗？结果他不会。其实这是京剧里面盖叫天盖派的绝活儿，就是当一个人愤怒扭曲到极致，到了一种崩溃的边缘的时候，表现他的狠，这样人物就成为一个眼的斗鸡眼。"

阿速还演示起撇嘴动作："还有撇嘴，都是练的。没有人一生下来就能做的，全靠后天的练习。这里我不得不再说一次，京剧给了我很多的东西，包括锻炼这张嘴皮子。我跟华少比赛念广告词，我就对自己有自信，因为我是练家子，是行家出身，除了同样也是专业的京剧或者相声演员，一般人还真比不过我。"

"其实，当初主持《让梦想飞》，我对自己还是挺有信心。"阿速想了想，说，"只是当时自己给自己的压力太大了。当然领导对我也挺有信心，因为他们本来对这个节目没有底，找我来只是来撑时间。至于做成什么样，领导的期望值很低，生活频道来做娱乐节目能做多好？谁也没有想到结果会是这样，大获全胜。生活频道做了这么厉害的一个综艺节目，直接带动了整个频道。"

在《让梦想飞》周年庆典上，阿速宣布回归《少年无敌·让梦想飞》，在搭档王琳琳担纲主持之后，首次尝试当导演。虽说阿速作为《生活帮》一帮之主，很受广大观众追捧，但是作为首次试水的导演，在《让梦想飞》节目录制现场，阿速就遭遇演播室各部门"甩脸"。幸亏阿速反应迅速，赶紧找来节目总导演，与各部门进行积极沟通和交流，让大家意识到这个阿速今天不是主持，真的是导演，才解决这一问题。

其实在电视圈，主持人跨界兼职导演不算是新鲜事，但是客观上留给阿速学习如何当导演的时间实在是太少。

据栏目组制片人介绍，《少年无敌·让梦想飞》节目录制的工作量特别大，仅首场录制就持续 8 个小时之久，到凌晨才结束。身为把控整个现场节奏和调节录制气氛的主持人，阿速共访谈录制了 18 组小朋友，这中间还包括很多才艺互动，他的工作强度大得超乎常人想象。但尽管如此，阿速还是利用一切可以利用的机会和时间，积极学习如何做一个合格的导演。他的执着和他对自己的严格要求，使得在场的所有工作人员都对他肃然起敬。

　　《让梦想飞》连续多少周在山东省收视率排名第一，阿速已经记不清了。对此，连见惯大场面的台里领导都目瞪口呆：能这样？可惜，最后由于种种原因，这档深受民众喜爱的综艺娱乐节目没能继续播下去。

　　"今年我们就准备搞别的了，从此《让梦想飞》就成为一个记忆了。但是《让梦想飞》第一季获得一个全国最佳娱乐节目奖，跟南方那么多省比赛都能胜出，获奖无数，这是绝无仅有的。"阿速眼神中闪烁着自信的光芒，"所以说，《让梦想飞》给我的锻炼、自信，包括在舞台上那种大气磅礴指点江山的气势，这是一种非同寻常的感觉，在《生活帮》是没有的。"

　　当所有人都承认阿速是一个非常棒的娱乐节目主持人时，沐浴在他人艳羡和佩服目光中的阿速，用一种坚定的语气说："这，是我从《让梦想飞》中得到的最大收获。"

⑫ 我不是"学院派"

所谓学院派，原指文艺复兴时期欧洲出现的学院绘画，后泛指通过学院严格训练、师生相传、层层因袭而具有保守性质的绘画。现在我们常把学院派的含义扩大到其他专业领域。

"学院派"是个好词，但我不是学院派

提到学院派，有人这样描述：一个身着正装的人，戴着一副金边眼镜，在科研机构和教育学院中，专注于学术，抑或只读圣贤书，总喜欢用经典的体系解释问题，一张嘴就是专业词汇，不论说话还是做事都十分严肃守规矩，正经得有些过分，给人一种高深莫测的感觉。

2002 年获山东艺术学院学士学位

对"学院派"的如此诠释，阿速大笑着回答："如此来形容'学院派'的人，那这仨字一定跟他搭不上边。"

"当然，我没有说'学院派'不好。"笑过之后，阿速换上一副认真的表情，"恰恰相反，我个人

认为'学院派'肯定是个好词。这些人都是厉害的角色，不是科学家就是教授在他们擅长的科研或者教育领域都很牛都有让人敬佩的成果。"虽然社会对"学院派"存在一些误解，但阿速坚持自己心中的看法。

"但是，我不是'学院派'。"阿速如是说。

做主持人是"半路出家"

戏曲演员出身的阿速，没受过专业的主持训练，"半路出家"当主持人，尤其做一个民生新闻节目主持人，能做好吗？

在国外，与民生新闻相类似的是 1990 年美国的"公共新闻"。即：新闻记者在报道新闻的同时，也参与或介入到公民活动中去，发起讨论，组织活动，寻找各类社会问题的相应对策，最终帮助公民解决实际问题。

在我国，说起民生新闻栏目，公认的第一台栏目是 2002 年创立的《南京零距离》。2006 年《生活帮》创立之时，可供借鉴的民生新闻寥寥无几。在山东更是如此，山东还从未有任何一档 "以民为本"的新闻栏目。

阿速找了很多国外的视频来学习，在国外主持人和记者的实录中找寻自己的风格。

最后他决定采用拉家常的风格："平时跟大叔大妈聊天，说笑话，说济南话，大家一下子都乐了。用普通话，讲文绉绉的东西，大家还得琢磨琢磨才能发笑，这样就跟他们拉开了距离，大叔大妈们就觉得你还是有点高高在上，跟你说心里话就不是那么畅快，这样就跟办节目的初衷不一致了。"

讲口语，多表演

鉴于《生活帮》的宗旨是贴近群众，为老百姓说话，阿速决定，还是用自己最擅长的方式主持比较好，用口语来讲解新闻，刻意少说或不说成语和引语，并且结合自己的优势特长，在主持时加入不少表演元素。

"为了办好节目，让观众喜欢，我可是没少下功夫。开播初期，成天就琢磨这个，心思全放在主持风格这上面了。在节目上我特活泼，使出我十八般武艺，吹拉弹唱带模仿，就差在电视屏幕前翻俩跟头了。"

在主持节目时唱歌、跳舞、变魔术、说快书，甚至还有模仿秀……这些在别的主持人眼里可能不是那么容易，但在阿速看来，"累是累了点，体力活嘛，又蹦又跳的。其实操作起来还是挺简单的。别忘了我之前是京剧演员，就干表演这行的，所以现场操作起来那叫一个得心应手。哈哈，我也用一回成语吧。"

说起自己在主持节目时的多元化风格，阿速觉得这跟自己"非科班出身"有关。"受过专业训练的主持人，他们和我不太一样。在节目上，他们字正腔圆。而民生新闻栏目，那样的主持人显然跟现场观众们的业余表演不合拍。我是半路出家的，容易跟观众套近乎，说话风格也和观众贴近，观众看多了自然觉得我跟他们的距离很近。"

坚持写串词，日久有收获

阿速还参与了节目的串词，用口语化的方式对新闻进行点评。他每天下午两点到单位，看一下当天要上的节目，边看边写串词，这一过程需要两个小时左右。

阿速说："我老后悔了，那时候节目刚开播，定位还不明确，人又少，我就自告奋勇自己写节目串词，每天写一两个小时，结果现在这活儿一直是我的，我那时候怎么就那么傻呢。唉！"

不过，阿速也承认，每天坚持写串词给他带来了不小的收获。"起初的时候，节目语言风格没形成，我也没有太好的想法，大家都是摸着石头过河。"由于始终如一地坚持写节目串词，阿速对《生活帮》的语言风格逐渐有了把控，形成了自己独特的主持风格。

"其实我的风格说白了，就是跟观众聊天，语言上不用拔高，用的词不用那么华丽，观众就会觉得你像在和他们聊天。在聊天的过程中，大叔大妈也好，小弟小妹也好，才能感觉到你是个什么样的人，这档节目是怎么样一个节目。通过聊天，把个人的风格和节目的特色展现给电视机前的观众朋友，我觉得这是中国民生新闻栏目想要表达的东西，也是它的特色。作为一个主持人，观众就是你的父母兄弟、你的邻居街坊，你应该把他们当成你的亲戚朋友，跟他们聊天，不用正襟危坐，也不用说得太书面，只有轻松自然才能跟观众进行更好的沟通。"

够生活化，才能当"帮主"

回忆起自己跟《生活帮》的结缘，阿速说，多亏自己不是"学院派"。

"说起我怎么来《生活帮》做主持人的，其实非常戏剧化。之前我主持着跟汽车有关的节目，就是《酷车地带》。正好《生活帮》招主持人，试了很多都不合适，领导天天审角儿审得心烦。某一天，领导正好看到某样片的结尾，刚好是我在《酷车地带》里面的镜头。领导问这孩子是谁，把他叫来试试镜。于是我就这么来试镜了，今天想想仍然很有意思。"

"说实话，那时自己心里也没啥底，因为之前没接触过新闻节目。"试镜那天下着淅淅沥沥的小雨，除了阿速外，还有六七个人，都打着伞来到了现场。为了能挑选出观众最喜欢的主持人，节目组请来了社区的大叔大妈当观众，在试镜现场摆起了几排座椅，让大叔大妈们给这几位参选的主持人投票。

结果几轮下来，阿速得票数最高。"我后来琢磨，首先大叔大妈是按照选女婿的标准选的我。他们都指着我说，看这孩子的肩膀头子多壮实。大叔大妈选女婿，都爱选长得壮的，因为能替姑娘帮他们干体力活。还有就是《生活帮》是档民生新闻节目，跟百姓生活密切相关，所以老百姓觉得谁和他们近乎，谁就能当上主持人，所谓得大妈者得天下啊。"

多亏了大叔大妈，让阿速当上了"帮主"。阿速也没让济南乃至山东的大叔大妈们失望，主持出了自己的风格，闯出了属于自己的一条"帮主"之路。十年前，民生新闻类节目《生活帮》开播，到如今《生活帮》每天 100 分钟，是全省最长的一档民生新闻节目，得到帮助的朋友数不胜数。《生活帮》先后获得"全国青年文明号""中国新闻界慈善大使""中国电视民生新闻十佳栏目""山东电视新闻十佳栏目"等荣誉称号。

"帮主"阿速也从默默无闻到被观众所喜爱，除主持《生活帮》外，阿速还主持生活频道《就你不知道》《王者归来》《全球华人网络春晚》等节目。阿速个人先后获得山东省杰出青年岗位能手、中国电视民生新闻最具人气主持人、山东省电视艺术"牡丹奖"十佳主持人等荣誉称号。

当主持人，不一定要专业对口

一般来说，主持人需要学习播音主持专业。然而，国内一些金牌主持人并没有走这样一条路，他们凭借自身的实力，同样跻身一流主持人的行列。

有着壮实的身板，说着平实的话语，《生活帮》里的阿速在镜头面前总是非常自然，仿佛是在和邻居聊天。很难想象，学京剧出身的他能从事主持人职业。

阿速想给现在找不到工作的年轻人提个醒：找工作时，不一定往自己所学专业上靠拢，也不要因为工作岗位和自己所学专业相差甚远就妄自菲薄。能找到适合自己的工作固然好，但是更要努力让自己去适应这个工作，努力提升自己各方面的能力，这对自己是一种负责任的态度。

做主持人，越老越吃香

阿速说，访谈节目的主持人，"实在不容易做"。访谈节目对主持人的要求相当高，不仅需要有相当专业的知识，而且还需要广博的知识面。"干那活儿，就得上知天文下知地理，前知五百年后知五百年。"阿速笑着说，主持人还要针对被访者做足功课，这样才能问到重要的问题，恰到好处地掌控节奏，不至于出现冷场的尴尬局面。

为录制网络春晚奔赴美国

现在，人们的教育水平提高了，对电视节目的要求也提高了，对电视主持人的要求自然也是水涨船高，于是电视市场竞争很激烈。"要知道，老板是不会做亏本生意的。"阿速说，"干我们这行的，就靠一个大脑和一张嘴，全凭真本事吃饭。要想保住饭碗或拿到高收入，不天天'充电'还真不行。"

40岁以上的人，应聘国内公司的普通员工基本没戏。与之相反，电视台招聘主持人，非常注重主持人的阅历和工作经历，"越老越有人要"。尤其是访谈节目主持人，资历老，年龄大，工作时间长，就会更有优势。

对此，阿速也有自己的心得体会："白岩松曾经说过，到了40岁，才有很多人生感悟，心态也平衡了，看问题更加全面、客观了，道理就在这里。做主持人，应该是越老越吃香。"

"不是什么行业都是吃青春饭的。"阿速说，"我也40岁了，步入不惑之年了，不再年轻了，所以我也有紧迫感。"

从京剧演员到主持人，从娱乐节目到民生新闻节目，阿速的每一个转型都可谓非常成功。"我在主持人圈里，虽然不算特别惊世骇俗的，但也算是个异类。既非科班出身，又没有主持方面的相关经历，为什么能在电视主持领域站住脚呢？打个比方，钢琴曲虽然美，但音乐并不只有钢琴曲这一种，还有其他乐器的乐曲。就如同现在的我，是主持领域的一件乐器。"

⑬ 《阿速有妙招》签售会盛况

2010年，山东电视生活频道出版了相关栏目的图书《阿速有妙招》。

阿速说，签名售书对于自己就像是考试。"签名售书那天，我并不像很多人想的那样，在台上签名、卖书，风光得很。其实我去的时候心里一点也不踏实，因为我没底呀。自己到底有没有观众基础，到底有没有喜欢我的观众朋友来买我的书？毕竟我不是偶像明星，只是一个主持人。"

《阿速有妙招》首场签售会异常火爆

一切准备就绪，等待阿速的到来

《阿速有妙招》全国首发仪式暨签售会，于2010年10月24日（周日）上午10点在济南市泉城路新华书店举行。获得过"中国电视民生新闻最具人气主持人"称号的《生活帮》"帮主"阿速亲临现场，为读者签名售书。两个小时的时间，阿速共签售大约1000本图书。"那场面，我自己都没想到能那么火爆。之前觉得自己

书店工作人员为签售而忙碌着……

就是一个山东地方台的主持人，而且还是生活频道主持民生节目的，肯定没有娱乐节目的主持人火吧！"阿速咧开嘴乐了，"结果到现场一看，妈呀，怎么这么多人。接着我的手'遭殃'了。但是累就累吧，我乐在其中。看到这么多人来看我，这么多人喜欢《生活帮》，这对我和《生活帮》而言都是一种认可。"

说来好笑，第一场签售时，阿速心里没底。"咬了咬牙，找了八九个托儿。"阿速说，要是没人来买多丢人呀，因此签售前找了亲友团大约八九人来"助威"。本来预定的是上午 10 点开始，9 点阿速就接到活动方的电话，催促阿速赶紧到场。"我当时没反应过来，我说怎么了，托儿太多了？电话那头说，不是，是人太多了。"

阿速乐了，立马出了门。等到了书店一看，好家伙，从新华书店到芙蓉街，人们排成了"S"形队伍。派出所的民警也来问："你们这是干吗呢，这么些人在这？"据出版社的人说，出版社准备签售的书到 11 点半就全卖光了。后来没办法，活动方只得找《生活帮》栏目组借书。"书卖没了以后，面对排成长龙的队伍，领导说来不及了，去《生活帮》先拉点书来。就这么着，《生活帮》借出了 1000 本。后来我这纪录让白岩松给打破了。"说起当天签售的盛况，阿速连连感叹自己也"没想到"。

"'阿速有妙招'是山东电视生活频道《生活帮》栏目的一个板块，每天 5 分钟，解答广大观众在生活中遇到的各种疑问和难题，集知识性、趣味性于一体，开播两年来深受观众喜爱，也成为《生活帮》栏目的名牌板块和收视高峰板块。应广大观众的强烈要求，山东电视生活频道将两年来阿速解答过的各种问题汇集成册，经过专家顾问团的再三斟酌和审定，由济南出版社出版发行。本书涵盖健康生活方式的各个方面，分为六大部分：爱美我在行、吃喝有门道、绝妙小窍门、习惯有误区、怪题难不倒和保健一点通。挑选的全省观众咨询和求助的五百余个问题，非常具有普遍性和实用性……"听着《阿速有妙招》出版的新闻，摇了摇自己因签名而发酸的手腕，阿速心里呀那是乐开了花。

当天在签名售书现场维持秩序的工作人员，也见证了这空前的盛况。排队购书者人山人海，个个焦急万分；购到书者喜气洋洋地奋力杀出重围，没买到书者却面露失望之色……

其实活动组织者早已进行了周密的安排，包括：安全的签售位置，用排桌围堵出专门的区域，用栏杆拦出排队购书和交款后等待签字的队伍。但他们还是低估了济南观众的热情。活动组织者早上 8 点到达现场，门口的长龙已经排起来了。一打听才知道有人从早上 4 点就开始来排队了。

"今天的签售不同以往，要加倍小心地对待。"书店领导急忙告诫所有工作人员。

阿速 9 点多到达现场，立刻引起大家一片欢呼声，闪光灯亮成一片。他急忙坐下签名，笔头飞快，不曾有片刻停歇。为了防止签售现场混乱，工作人员每次叫五个号，五个人签完走后，再放五个人进来。但慢慢地总是进得多出得少，这种局面大约持续到 11 点半，事先准备好的书已全部售光。不得已，只得从《生活帮》栏目组借出 1000 本书。

收款台的工作人员更是忙得头也不抬，收款、记账、写号、盖章。由于事先安排充分，尽管忙，但是丝毫不乱。到 11 点半后书全部售完，还有一排等待购书的队伍。维持秩序的工作人员喊："对不起！书暂时售完，马上就取来，请耐心等待。"

认真为读者签名

还有不少市民事先不知道阿速今天签名售书，当他们看到现场 "真人版"阿速时，十分激动。有一位阿姨竟放下手中挑选好的其他图书，加入到等待购书签名的队伍中。

签售活动圆满结束。阿速 12 点半离开现场时，手肘隐隐有些发抖。"这一个上午，真是考验了我。"阿速说，自己这辈子也算是"经历过一回"签名售书的人了。同时，阿速对现场工作人员的辛勤工作感谢万分："没有你们，我就不能安然坐着签名售书，签售活动就不能圆满完成。阿速这厢谢过了。"

17 地市签售会，场场打破签售纪录

泉城路新华书店首场签售会之后，电视台和出版社又组织了全省其他地市的签售活动。青岛、潍坊、淄博、济宁、临沂、日照……场场打破当地新华书店单册图书最高签售纪录。

通过一场场签售会，阿速得知，他在山东省各地市都有大批粉丝，这令他感到意外。

在东营，《阿速有妙招》签售活动最令人感到意外，创下了 3 个小时签售 3000 多本的纪录！"哗啦啦一下，竟签了 3000 多本。"阿速说着就瞪大了眼睛，"我自己都吓晕了，没想到能这么多。出版社的人也吓坏了，连连表示，不能让阿速再继续签下去了，再下去身体受不了。那是 3 个多小时，一分钟都不停，几乎平均两秒钟签一个名，一上午连厕所都没上一次。"

　　在烟台，阿速刚在新华书店门口现身，便引发了现场一阵骚乱。读者齐声欢呼："这回可见着真人了！""阿速，合个影吧！""阿速，你可真帅！"将阿速包围起来。最后在现场维持秩序的警察保护下，阿速才得以脱离人群进入签售席。

　　签售活动的火爆，阿速也始料未及："外面排着长队，里面挤得满满当当。在青岛，从这一条街一直排到路口，全是人。在滨州的时候，人们把现场玻璃门都挤碎了，只得将卷帘门拉下来，又出动了特警、巡警、

热心读者欢迎阿速的到来

交警维持秩序。在潍坊，我们请公安帮忙，公安只派出了几个警察，觉得肯定没问题，能维持住。结果一看不行，急忙打电话，叫来了 24 个潍城特警，穿着警服，后边标着潍城特警，直接冲进现场里面维持秩序。因为当时秩序已经维持不了了，粉丝太热情，这是我之前根本没想到的。"

签售之前，与观众互动

面对《阿速有妙招》签售的火爆场面，阿速表示："就像我们《生活帮》栏目的宗旨一样，不管这个时代将走向何方，我们探寻生活真理、寻求生活真相的脚步将永不停止。希望通过这本书，能让更多的读者了解生活方面的常识，少走弯路甚至不走弯路。"

东营签售会现场，偌大的
广场挤满了等待阿速的读者

临沂签售会还没开始，读
者就排起了长长的队伍

烟台签售会，众多读者耐
心等待阿速的到来

泰安签售会

潍坊签售会，这位退伍老军人买到《阿速有妙招》，激动不已

东营签售会，阿速一气签了3个多小时没有休息，共签3500余册书

淄博签售会现场，热心读者书写的欢迎阿速的书法作品

潍坊签售会，因购书读者太多，出动了特警维持秩序

⒕ 名嘴 K 歌王

　　山东电视影视频道《名嘴 K 歌王》于 2015 年 6 月 6 日火热开播。这档省内首档大型公益类主持人跨界演唱真人秀节目可谓是"众星云集"，集聚了山东广播电视总台各个频道当家名嘴主持。《名嘴 K 歌王》以歌唱比赛为形式，以传播公益为使命，把歌唱比赛与公益爱心紧密结合在一起。

　　在这里，名嘴主持人变身歌手参赛，用真诚的演唱为孩子们赢取公益助学基金，帮助十名家境贫寒但品学兼优的孩子完成求学梦想。平时在镜头前一丝不苟的他们，在这里放下身段，频放"大招"，让观众们看到最真实的他们。

《名嘴 k 歌王》演出之前

在《名嘴 K 歌王》中，由辛凯主持，阿速、李鑫、王虎、汪洋、孙亮、书匀、董姝、米兰、崔璀等众多名嘴以另一种方式出场，在镜头前一展歌喉。节目组还邀请到了明星评委柯以敏，同另一位资深主持人小童二人搭档，笑声与掌声不断。

若说起"帮主"阿速的唱功，那一向是极好的。首发一亮嗓，阿速就以实力震惊全场。在日常中，阿速的歌喉一向被众名嘴既赞又"恨"。在观众中的人气，阿速也是"红透半边天"，被认为是最有实力问鼎"歌王"的名嘴选手。

唱过京剧、演过吕剧、说过相声、演过小品的阿速，实力那是没得说。诸位名嘴中，一提起阿速，都将他视为"劲敌"。对于阿速来说，十几年的功夫不是白练的，而来到《名嘴 K 歌王》，阿速也承认，"舆论压力"也不小。

压力山大，"唱念做打样样通，说唱歌舞不稀松"的阿速就这么惊艳了一把。反串"小嗓"，立刻惊呆了小伙伴们，连说话点评向来不客气的柯以敏也跟着点赞叫好，还顺便把"帮主"以后参赛的"战袍"都规划好了。阿速说，跨界演唱的反差确实是节目一大亮点，"让观众看到和平时电视节目中不一样的名嘴们，卸下主持的面孔，其实我们都是普通人。"

在《名嘴 K 歌王》情歌专场那一期里，柯以敏更是对阿速赞不绝口，说他"有思想"，更邀请阿速来做自己济南演唱会的导演。一首《趁早》唱完，阿速在台上说起自己的演唱曲目配舞。"本来我想的是，拉一个绸子幕布，两个人在幕布后面翩翩起舞。这样观众就只能看到两个起舞的身影，却看不到人，加上灯光效果就特别有感觉。如果还能吊个威亚飞天，那就更好了，不过我后来发现条件有限，只能作罢。"阿速说。

《名嘴 K 歌王》让阿速尽情发挥，尽情施展自己的表演才华，自然，也取得了不俗的战绩，屡次获得"歌王"称号……

在《名嘴 k 歌王》演出中

第三章

生活有苦更有甜

13 阿速和他的家人

一个威严有加的父亲，一个慈爱无比的母亲，还有一个虎头虎脑的小男孩吕素鹏。这就是阿速成长背后的故事。

父母在，不远游

在中国人的家庭中，母亲总是慈爱的，尤其是在面对孩子时；而父亲则是威严的，是家中的顶梁柱。尤其是阿速这一代，独生子女，让父母们经不起孩子一点无论是健康还是安全方面的风险。

阿速就在这样一个家庭里长大。阿速特别喜欢在家的感觉，现在即便刚从一场庄重而又盛大的颁奖典礼归来，阿速还是觉得坐在家里和家人一起吃吃饭谈谈

与父亲合影

天最舒服。他非常享受自己的每一天，在直播间里，他把每一分每一秒都交给观众，毫无保留，他的职业生涯是没有任何遗憾的。"唯一后悔的就是小时候总是和爸妈顶嘴，伤他们的心。"他说。

热情，坦率，永远保持年轻的心，这就是阿速现在的想法。阿速希望永远保持这样的状态。"我告诫自己，多珍惜和父母在一起的时间，对父母好一点，再好一点。我很希望自己从年轻的时候就真正认识到这一点。"

"再不陪陪父母，他们就都老了。"2007年的父亲节，放下直播间的话筒，阿速说的这句话让电视机前的观众潸然泪下。节目最后，阿速在镜头面前说了一句："爸爸我爱你！"这是他在电视屏幕前说过的唯一一句和自己父亲有关的话。说完后下了直播，他愣了许久，陷入回忆。

"很遗憾，自己为老爸做的少得可怜，我这两只手就能数清。"阿速耸了耸肩，"再想想老爸都对自己做了哪些事情，数都数不清了。想起我那第一辆摩托车，我就想起刚买它时带着我爸兜风的场景。真的不好意思再列举了，这样会显得我更加苍白。"

第二天，阿速开始不安：昨天的节目不知道老爸会不会看到，他会有什么感受呢？"我真的很想知道，我爸看完那段直播会有什么感想。"阿速承认，这也就是在电视里，要是和父亲面对面他是怎么也说不出口来的。看到爸爸年龄大了，头发全白了，想起他为自己付出的全部……阿速的心中就不停响起这句话：老爸放心，儿子决不会给您丢脸，小的时候我以您为荣，长大了我要您以我为荣。

关于母亲，阿速说："我妈呢，是一个很简朴的人，艰苦朴素这四个字特适合她。"

上世纪90年代，刚兴起家庭电话，阿速妈妈一听装电话要费很多钱，当即摇头，不装。

如果全家属院五百户（具体多少阿速记不清了）都装电话，电信公司就按集体装机收费，会便宜，每户900元；如果自己单装，就是1500块钱。全院的人商量好一块装，可阿速妈就是不合群："太贵，我就不装。"

那时候阿速已经开始忙于他的演出事业，与外界联系较多，腰间BB机"嘀嘀嘀"一响，阿速就得跑到邻居家借电话，很不方便。

"后来我就跟我妈说，妈，我一定给您把装机钱挣出来。"阿速说，"结果我妈说，就凭你一场几十块钱就致富，差远了，等着吧。之后我的生意越做越大，一场演出费就5000块，我妈也不再说这话了。电话费早就挣出来了，连我那个30岁之前挣10万块钱的目标都达到了。"

但是会过有会过的好处。阿速妈妈心里有个小九九：她有一个账本，从阿速第一场演出挣13块钱，到后来一场演出挣5000块，都登记在册。一直到儿子结婚，她才把这个账本和钱给了儿媳妇。

"她说，这是吕素鹏这些年来演出的收入。每一笔都记得很详细，在哪里演出，演的什么，挣了多少。"阿速说，"这么多年前前后后挣的钱，我妈一笔一笔全给我记下来。而且她把钱也拿了出来，和账本对应得清清楚楚明明白白。当时我就惊呆了，合着这么多年我妈一分也没

和父母在日本

花。就这么着，我妈把账本连同钱一起交给了我媳妇。"

阿速的贤内助

幸福的一家人（速嫂第一次出镜哦）

伤痛、劳累、奔波……阿速不喜欢多说那些，因为和他媳妇在一起的时候，他只觉得自己受到了幸运女神的眷顾。

像说起别人的秘密那样，阿速小心翼翼地谈起她。此刻，阿速似乎很矛盾，一边说"不能说太多，因为她不喜欢我过度宣传这些"，一边又兴奋地表达他对妻子的爱："我摔断大筋的时候，一瞬间什么问题都找上门了。就在这一段时间，她挺身而出，伺候我。"

说起妻子，阿速始终抱有一份愧疚之意："我们家的模式，让我的媳妇比较累。她自己有工作，是一名老师，同时还要照顾双方老人和我们的女儿。因为我的工作总是很忙，基本没有时间管家里的事，所以家里大事小事都是她说了算。但是在外面，她会微笑着说，我们家老吕是'集五大领导班子于一身'，其实她才是说了算的人。"

这么多年，阿速父母对这个儿媳妇也赞不绝口。不仅因为她在病床前无微不至地照顾阿速，而且她平时总是无悔地付出和默默操劳。说起这个儿媳妇，阿速的父母双双竖起大拇指：俺家这儿媳妇，没得说！

女婿顶上半个儿

提起与岳母的关系，阿速笑言："我那个丈母娘疼女婿，真的是一顿一只老母鸡啊。每次一回家，我丈母娘真的是'杀猪宰羊'地款待我，生怕我这姑爷吃了亏。搞得我都有点不敢去，因为大河马不能再瘦，阿速不能再胖了……每次一去丈母娘家，她老人家就热情地给我盛饭盛菜，我不吃又不好，所以每次一去就吃成肚儿圆，几天的减肥计划就全泡汤了。"

阿速对岳母非常感激，"我女儿就住在她那，老人平时不舍得吃不舍得穿，节省下来全都给外孙女了。都说岳母疼女婿比不上疼女儿，但在我们家，还真不一定，岳母对我很不错。"

阿速透露，岳母的做派可能是她出自书香门第的原因。"岳母做事很传统，很讲究，很有大家闺秀的作风，凡事很认真。每次去岳母家吃饭，都是弄一大桌子菜，很丰盛，吃饭时候的座次也特别讲究，姐夫坐哪儿，我坐哪儿，都安排得很严格。即便我们一周去三四次，也是不改，最少 10 个菜，有时候还变着花样做，自创新菜样式，生怕女婿吃不饱、喝不好，对女婿的好都快胜过女儿了。"

阿速的岳母身高一米八。据悉，阿速岳父母以前都是篮球运动员。"我岳母那身高，比我还高，我估计这也是我媳妇一米八的主要原因，遗传得好。"阿速比画了比画，"她老人家平时做事都非常豪爽，有运动员的那股子气质，但凡我有什么事找她，她都很爽快地答应，做事很痛快，干什么事情都是干脆利落，从来不拖沓。"

阿速说，平时老人喜欢与街坊邻居们坐在一起聊天，对各自女婿进行评论。岳母很喜欢阿速的工作，每每有人问到"你家的女婿做什么的"？她都乐得合不拢嘴："俺家素鹏也楞好咪，有本事，工作也不错，现在在电视台做主持人，说出来你们都不信，就是《生活帮》的那个主持人，叫阿速。"

有一次，阿速岳母知道电视台出了本书叫《阿速有妙招》，而且卖得挺火，但是她又不好意思直接问阿速要，就问阿速："素鹏，你们那儿出书了？"阿速猜到了老人的心思，就给她送了一本。老人看着书不说话，过了一会儿，小声说："要不你给签上个名？"

后来，阿速才知道，"原来岳母是给街坊邻居要的，邻居们知道我在电视台工作，出了本书，就问我岳母要。我岳母平时那么豪爽的一人，也不好意思直接问我要签名的书啊，哈哈……"

阿速介绍，跟岳母相处之道其实就一条，"不上班时，就带上孩子，常去老人家看看，坐坐，吃个饭。其实老人不图你给她买多少东西，只求一家人其乐融融。"

最常见的，往往最容易被忽略。

直到当了父亲，阿速才明白，"父亲"这两个字不是那么好叫的，它意味着责任。

对教育孩子，阿速也有着自己的看法。他认为，如果有时间也有精力的父母，应该尽可能地亲手抚养孩子，然后再让其独立，让孩子具有获得爱自己和爱别人的能力，从而享有更加完整充实的生命。爱是下一代健康成长的唯一法宝，决不能让独裁和专制披上爱的外衣，并以爱之名行事。"爱他就让他去展翅高飞"，这句话总是饱含哲理。所以，阿速建议，给孩子适当的自由和信任，让孩子从小就有平等的感觉，培养他们的独立意识，长大后他们才能摆脱对父母的依赖。而家庭可以做孩子灵魂的港湾，在他疲累之时，伸出臂膀温柔地拥他入眠。

⑯ 吕家有女初长成

女儿笑笑 3 岁时

说起阿速家这位千金，阿速打开了话匣子，嘴一刻不得闲，简直变成了话痨："2006 年，我孩子生下来了，这就是我家宝贝闺女，大名吕欣儒，小名笑笑。"

关于女儿名字的来历，阿速也是有话说："这个名字的由来还有一段故事。在她出生的前一天，她妈妈住进了齐鲁医院。由于病房紧张，我们和另一家人住同一间病房。也算机缘巧合，我们通过这家病友认识了一位养生学大师，此人精通道家之学，据说是在谱的全真教传人。他的爱人是山大的一位老师，我觉得这就是缘分。他给孩子选了几个字，最后由我们自己自由组合。之后，全家一致通过了'吕欣儒'，因为我觉得这名字叫的时候是女孩名，写的时候像男孩名，不错！"

为此阿速颇为得意："吕欣儒，多好听，全家人都满意这名字。本来起个名不用这么麻烦，可谁叫我也是俗人一个呢，也只好人云亦云了。"

伴随《生活帮》成长的小家伙

2006 年 6 月，阿速刚主持《生活帮》栏目不久，为了不耽误每天下午主持节目，又能看到孩子出生，阿速与妻子合计后，在剖腹产的手术单上签了字，选择让本来能够顺产的孩子于 6 月 23 日上午来到世间。

"当时，大夫让我签字的时候，我的手都哆嗦。我牙一咬眼一闭，签了！"阿速说，"当时我心里想了很多，这是我的亲生骨肉，如果孩子因为我这一签字出了点啥事，我可是死一百次都不足以谢罪。我那心绝对乱了：这孩子可别缺个指头少个零件，当然多了也不行啊。我伟大的媳妇能不能挺住啊，她可是最怕疼的。我当爹了我竟然当爹了，不可思议……"

阿速在产房外面足足等了四十多分钟。等到产房门一开，看着大夫走出来，阿速说的第一句话是："大人孩子没事吧？"看着大夫不住地点头，阿速这才把心放到肚子里，目送着大夫把孩子送进清洗室。

"从医院楼上一下来，就有一兄弟拉着我的手问：'哥们儿，男孩女孩？'"阿速忍着笑说，"当时我就蒙了，心想坏了，光想着孩子健康老婆平安了，把问孩子性别的事给忘了。"

现在想起这件事，阿速依然觉得有些愧疚："当时，《生活帮》这个节目刚开播，每天下午都要忙着录节目。为了不给节目拖后腿，只能舍小家顾大家。孩子本可以顺产，结果不得已选择了剖腹产。我看到孩子出生后，下午接着又上班去了，一天都没有伺候月子。现在想想，其实很对不起妻儿，欠她们娘俩不少。"

这个小家伙给阿速带来了福气。2006 年 6 月 1 日《生活帮》开播，吕欣儒 6 月 23 日出生，和《生活帮》诞生在同一个月。

孩子成长的点点滴滴

获得"校级阅读小明星"

阿速一直都在记录着女儿笑笑的成长。在笑笑满两个月时，阿速在博客中这样写道："孩子马上就两个月了，真是越来越可爱了。头发黑黑的，唉，这点随我；大大的眼睛，好吧，这点随他妈，从小我妈就说我是个小眼睛；长长的睫毛，不用想，随我；鼻子挺挺的，也随我；嘴巴小小的，那更是随我。唉，身材比例是上身短下身长，感谢'额'的神，孩子这点没随了我，随我丫头就毁了。"

阿速总结道："总的来说，笑笑算是优生。"笑笑躺在摇篮里，憨态可掬，看得阿速喜不自胜。"这几天丫头嘴里老是哦哦地出声音，看来是想和她老爸我交流交流啊，最好玩的是她越来越爱笑了，有的时候还咯咯地笑出声来。"

阿速还记录道："最近我又新添了个毛病，老是想亲亲笑笑。总是被她妈给训斥一顿，说这样孩子脸上以后起小星星，哎，这到底有没有科学依据啊？看着孩子这么可爱，这段时间的辛苦也就不算什么了，抒发一下感情大喊一声啊，吕素鹏同志有后啦！"

在笑笑4个月大的时候，阿速一边抱着笑笑，一边在博客上打字："我的笑笑已经4个月了，要知道这么好玩早就该要了，哈哈哈。抱着她你会觉着拥有整个世界，给她讲故事她会倾听，给她唱歌她会附和。孩子每一天都在长大，我的责任也就越来越大。祝福我的孩子，祝福天下所有的孩子，一切平安！"

6个月的时候，阿速以女儿的口吻又写了一篇博文："大家好，我是帮主阿速的女儿，我叫吕欣儒，小名叫笑笑，今年6个月了，刚刚学会上网，有想和我聊天的爷爷奶奶、叔叔大爷、阿姨婶婶、哥哥姐姐、弟弟妹妹，请抓紧时间排队。"

孩子一天一天长大，阿速的感想是真快："去年的这个时候，笑笑还在妈妈的肚子里，现在已经会和我们交流了，真开心。"

一转眼笑笑已经1岁了。阿速得意地将一组写真放到博客里，并表示"连换衣服带拍照，这组照片一共用了不到一个小时"！

笑笑很有镜头感，摄影阿姨一逗，她就冲着照相机一个劲地笑，弄得两个摄影棚的摄影师都来抢着给笑笑拍照，把别的家长羡慕得了不得。

表演节目前认真化妆

"他们的孩子可着劲儿哭就是不照，连哄带骗都不行，急了一头的痱子。"阿速点头表示，"吕欣儒同志还是很有大家风范的，首先不晕镜，这点就随她爹，哈哈。而且和百日照相比，她变得越来越好看啦，长大后一定是个小美女。"

阿速还给孩子"考试"，问了孩子很多问题：妈妈几点下班？还让孩子大声叫爸爸、妈妈、姨妈、姨夫、叔叔、姑姑……指着动物图片教孩子说，大象、老虎、小狗……最后说到鱼这个词，小家伙不乐意了，噘着嘴不理阿速了。

2007年10月11日晚上，阿速很高兴，因为笑笑会叫"阿速"了。"虽然是在电话里叫的，但是我那叫一个开心呀。我闺女会叫她爸爸的名字了，哎呀，真好，瞬间就觉得我眼前展开了一片新天地啊。"阿速兴高采烈地说。

又要开频道招商会了，频道上下一片热闹。"广告就是电视的亲妈，不重视不行啊。这是我来有线参加的第四次推介会了。"阿速说，"这次跟往届不同，节目都是由本频道自己调整。生活是由周星星同志策划，昨天晚上就想找我谈话，可是我跟笑笑美女的约会是雷打不动的，只有改到今天上午。唉，没办法，谁让我们家笑笑美女那么有魅力呢。"

笑笑在1岁4个月的时候学会了念诗："锄禾日当午，汗滴禾下土……"小小的人儿念起古诗来有模有样，把身边的大人都逗乐了。据阿速说，在家还搞过两次笑笑演唱会，虽然大部分是啊啊啊，再来个谢谢，但大人拼命鼓掌打气。"经过两次演唱会的洗礼，笑笑大明星已经能演唱带歌词的歌曲啦，虽然还唱不完整，但总算能听出点意思了。"阿速自豪地说，"不愧继承了她老爸我的艺术细胞，学得真快！"

2岁6个月的时候，阿速给笑笑写了一份"笑笑语录"：

今天女儿说："我生气啦，生爸爸的气啦，他喝我的美年达！"

昨天女儿说："×××！你别抱我，你抱我，我就推你！"

前天女儿说："爸爸太不像话啦！"妈妈问："为什么？"她说："他不带我去饭店！"

大前天女儿说："我非常想看少儿频道，我必须看！"

大大前天女儿说："妈妈，你说，笑笑能吃一块巧克力，好吗？"

上个月女儿说："爸爸，遥控器没了，你别换台了！"

大上个月女儿说："你为什么把我的巧克力都吃啦，不给我留一块？"

大大上个月女儿唱："两只老虎，两只老虎，爸爸跑得快，爸爸跑得快！"

一句句稚嫩的话语，记录了阿速作为父亲对笑笑成长的喜悦之情。

在泉城公园

对此，阿速也很得意："这个办法谁也没想到，还是她老爸我想到了。把她的语录记下来，留到她长大，这肯定是一份欢乐而温暖的记忆。"

在笑笑 3 周岁的时候，阿速在博客写道："今天是我最最可爱的女儿吕欣儒 3 周岁的生日，孩子和我都在盼望着这一天。笑笑想要吹蜡烛吃蛋糕，我想我们一家三口一起吹蜡烛吃蛋糕。今天来了很多朋友给笑笑过生日，还送给她礼物，看得出来笑笑很开心。她还不是很会表达，可是笑得很灿烂，很羞涩。我喜欢。愿我的宝贝身体健康，茁壮成长！"

2010 年春节期间，笑笑参加了某电视台的海选，录制了春节特别节目。第一次在正式镜头前表演，笑笑的感觉非常好。对此，阿速又臭屁了一把："这绝对是遗传。"演唱的曲目是阿速亲自传授的，是《红灯记》选段《都有一颗红亮的心》。看着孩子在台上一板一眼唱得很有架势，阿速的心不知不觉间被一种叫作"幸福"的东西填满。

百日照，父女出奇的像

某天晚上，阿速得闲，忽然想怀一怀旧，于是他从箱子底下翻出他的影集，从光着屁股洗澡一直到现在，将所有照片仔仔细细看了个遍，边看边感慨。

阿速百岁照

女儿笑笑百岁照

　　阿速说，小的时候不太喜欢照相，对此他"有点后悔"。所以，现在他就给闺女多拍相片，用阿速自己的话说是"省得将来她埋怨我"。

　　都说闺女随爹，这话一点都不假。孩子刚出生时，像极了阿速。阿速说："一看就知道是我女儿，扎孩儿堆里我也能把她挑出来。可是孩子9个月大的时候，别人都说像，就我觉不出来了，真是奇了怪了！"但那天晚上，阿速找到自己的百日照，一看，还真有父女相。"不看不知道，一看吓一跳，这鼻子、这眼、这嘴，分明就是另一个我嘛！"阿速心里乐开了花。

请假带女儿去看海

　　阿速在《生活帮》开播的前四年半里，为了主持《生活帮》，没有休息过一天。"工作敬不敬业，这个事咱不提，毕竟有我的工作事实摆在那里。"阿速说，"再一个，当时也没人替我。周六、周日、节假日，甚至春节我都没有休息过。这不仅仅是一种时间问题，更是一种工作态度。"

　　女儿笑笑4岁半时，"有一天在幼儿园上课，老师问小朋友们谁见过大海，见过大海的请举手。结果就俺闺女没举手，其他小朋友全举手了。孩子回家来哭了，说全班同学都看过大海，就她没看过。"

　　阿速心里十分难过。"我接着就找领导，我说我要请四天假，你给

也得给不给也得给。领导问什么事，我就说了孩子这个事，我说我得带孩子看大海去。"

领导答应得很痛快，并多给了两天："我给你六天。"阿速开上车，带着全家到青岛玩了一趟。在那里，笑笑笑得很开心，在青岛的沙滩上留下了欢乐的足迹。

"现在笑笑很争气，在学校还是班干部。"阿速眨了眨眼睛，"最让我自豪的是，笑笑现在是校级阅读小明星，这点更随她爸我了，哈哈。"

阿速的"育儿经"

谈到育儿经，阿速苦笑着说："在育儿经这方面，我感觉我是没什么发言权的。其实我平时基本没空顾得上笑笑，只能在家的时候给她一些引导什么的。实话说，这些年我对孩子还是比较亏欠的，因为我工作的缘故，全是她妈妈来看。她妈妈是老师，在教育孩子方面是比较有发言权的。男主外女主内，我把百分之八十的精力用在工作上，不请假。因此孩子主要由妈妈带，我非常感谢我的媳妇，能够把我们的女儿带得这么好。"

17 同学情

　　"日子过得真快，毕业已经 3 个月了。这 3 个月过得可真够充实的，好像其他事都不存在了一样。哎，我妈常说我就是一根筋，这话对极了。今天偶尔整理相册，翻出了我们 02 级全体同学的照片，把我激动得不得了。"2006 年 8 月 25 日，阿速在博客里这样记录下自己的心情。

　　阿速永远也忘不了，他走进山东艺术学院大门时的心情：当雄鸡唱响新一天的序曲，唤醒沉睡的人们，当山东艺术学院的牌匾出现在阿速眼前，当校园的美丽风景映入阿速的眼帘时，阿速那颗炙热的心颤抖了。他已多年不上学了，重返校园自然十分激动。他的四年大学梦，从此开始。

同学聚会

热爱的集体

阿速很快就融入了班集体,并深深地爱上了它。"那时候我嘴上不说,但是在心里我知道,我将在这个班里度过一段非常非常美好的日子。"

回忆起大学生活,阿速笑逐颜开。"我的老师有很多,都对我很好。当然还有我的同学,也是我的朋友们,他们都对我很关照。在学校我也交到了好几个知心的铁哥们,有男有女。"

阿速说:"每次一想起我们几个同学一起犯二的日子,一起上课一起练习的日子,一起奋斗一起演出的日子,我就特别特别怀念那时的金色时光。我真希望时光可以倒流,倒流回我进学校第一天,重新和我的同学们一起笑一起疯,一起努力一起奋斗。要不怎么说学生时代的记忆是最美好最难忘的呢,没有经历过的人是不会明白那种不牵扯尘世利益,只为了友情、理想而共同奋斗、共同追求的感觉。"

在即将毕业离别的晚会上,阿速面对比他小得多的师弟师妹们,逐个叮嘱:一定要永远记住我们的诺言,不论我们在哪里,都要经常联系,常回母校看看。即使时间再紧工作再忙,也要抽出时间来聚聚。

同班的"九朵金花"

戏曲表演系是山东艺术学院 2002 年的一个新建系。阿速说,由于报考该系的学生较少,他们这些在剧院摸爬滚打多年的"老棒槌"才搭上了这趟末班车。"老棒槌"中阿速年龄最大,荣登"大哥"宝座。

2002 年戏曲表演系的同学们来自社会各界,年龄不同,专业不同,行当不同。这一切在阿速眼中其实都不算什么,但是有一件事让他十分郁闷:"最可气的事就是我们班一共 10 个人,就我一个男生,成了唯一那个绿叶了,独苗苗!"

阿速本应是名副其实的幸运儿，哪来的"郁闷"呢？阿速这样解释："掉在女孩堆里的那个男孩，大致分为两种：一是宝贝，二是垃圾。很荣幸，我是后者。"

　　在学校，阿速对外班同学说得最多的一句话就是："在我们班，我是没有地位的。""毕竟面对一班的'巾帼'，个个都不让须眉，用现在时髦的话说就是'女汉子'。"阿速笑着说："我自然是丝毫没有地位的。你想，我是唯一一个男生，又是她们的老大哥，什么事情都让着她们也是应该的。好男不跟女斗，大哥不跟小妹斗，就是这么个理。"

　　4 年的时间，让阿速和 9 位女同学从陌生到熟悉，从普通同学成了最亲密的兄弟姐妹。

　　"奇了怪了，我和我这些女同学这么好，我老婆反倒从来没吃过醋。"阿速挠挠头，"难道是因为她们的一次宣言？她们曾对我老婆说：'请嫂子尽管放心，我们从来没把他当男人看。'唉，你看看这话说的，这到底是夸我还是骂我呀。好处呢，就是我老婆不吃醋，放心大胆地把我扔到学校上课；不好呢，就是我快成了这 9 个小妹妹的'知心姐姐'了。您还别说，还真有来找我诉说失恋情怀的，有找我请教戏曲基本功的，有来找我替她出头打架的，还有来找我替她到办公室偷补考题的。我算了算，基本上女同学能让我遇上的事，除了谈恋爱，全碰了一个遍。唉，我这到底是幸运还是不幸呀。"

　　身为班里唯一的男生和当之无愧的大哥，阿速把能为师妹做的都做了。有些事容易，只是举手之劳；有些事不容易，比如掏腰包。"可谁让咱是唯一一个大师哥呢，小妹妹们都不容易，咱不帮谁帮啊？"阿速憨憨一笑，"所以只要妹妹们有事，我肯定是义不容辞冲在头一个的。"

　　阿速说，在回忆与师妹们的日子时，他脑子里不断回放过去的影像，有开心的，有悲伤的，历历在目，就像昨天发生的一样。想到这里，他心里一阵发酸。他说："我这几个师妹，现在遍布祖国大江南北了。有的我还能知道在忙什么，有的就杳无音信了。"阿速感伤起来，"我借助这个机会，给师妹们说：不管你们走到哪里，不管多少年过去，希望你们知道，师哥依然是那个师哥，师哥祝福你们，愿大家的工作、学习、生活都能够一切顺顺利利，开心快乐到永远！"

　　又是一年大学生毕业季，每次到了这个季节，阿速都会有种错觉："就是突然之间，感觉怅然若失，看看这些孩子们，再想想我那时候，戴着和他们一样的学士帽，穿着同样漆黑的学士服，站在校门口照相，还真的有点伤感……那天从艺术学院门口经过，看到有同学在那照毕业照和学士生照，然后想起自己照毕业照的那会儿，想起我的师妹们、校友们、老师们，我这心里就一阵发堵，不行，不能再想了……"阿速摆了摆手，中止了对大学生活的追忆。

18 生活是什么

"生不容易，活不容易，生活更不容易。"这是阿速对生活的定义。"怎么生活"这个现实的问题一直与阿速如影随形。

一个人总有心情不顺的时候，阿速说，在脾气不好的那几

大年初一加班有鸡腿吃

天，"无名火呼呼往上冒。发了脾气，砸了椅子，长了疖子，毁了嗓子，流了鼻子。"发完脾气之后，冷静下来，阿速又觉得，自己又一次站在了十字路口。"想聊的故事太长了，反而只能沉默。"他用这句话来概括这一刻的心情。

阿速时常埋怨自己："人为什么没有前后眼呢？"如果人能够根据已获知的经验预知将来发生的事情，就能正确地做出判断，避免很多不该犯的错误。

每当自己发完脾气感觉一切都变得很糟糕时，阿速都会冷静下来，反复思考整件事情的前因后果，并从中得出经验教训。"谁知道前边是金光大道还是羊肠小路？但作为一个逐渐成熟的人，我会根据我积累的

经验和教训按照自己的想法和判断行动。"

阿速也会时常感到疑惑和彷徨："好像以前我也没有为这些操过心，都是按照自己想的最好的办法去做，结果不敢说不错，至少不会拖泥带水。是不是年龄大了都这样，会变得畏首畏尾，没有了冲劲和激情？"

阿速说："在现实生活里，看着美好幸福的爱情，其实时间久了会失去原有的激情，但仍相爱在一起；看着没任何挑战薪酬又不错的工作，但将来的发展有不可预知的风险。"

"用我媳妇的话说，眉间一点朱砂，帅气逼人，举手投足间都潇洒万分的公众大神级人物，现实生活里没准就是个喜欢打赤膊，不会说好话，不懂浪漫，每天边嫌弃老婆做的菜难吃，边不停叫老婆添饭的大叔。"阿速最后总结一句，"这才是生活。"

生活就是唱自己喜欢的京剧

"水袖的名字来自水衣。水衣就是一种衬衣，演员穿戏衣时，里边要衬一件水衣。水衣的袖子长一点，露在戏衣的外边。后来水袖脱离水衣，直接缝在宽袖的戏衣上，就成了水袖。《打神告庙》是敫桂英接到王魁的休书以后，痛诉于海神庙的一场独角戏。在这段表演中，演员交叉使用水袖的功夫，再配合表演身段，更突出了桂英的悲愤心情……"2007年，阿速在自己的博客上转载了这篇关于京剧水袖的文字。

在京剧舞台上，演员长袖上下翻飞、翩翩起舞，真是"扬眉转袖若雪飞"，美轮美奂。

曾经把京剧作为自己立命之本的阿速，忘不掉自己的这份喜好。吊一吊嗓子，翻个跟头，把自己学到的京剧功夫用到《生活帮》的主持上。阿速承认："只能用这些京剧的基本功，来追忆自己的那些艺术时光。"

阿速有些自嘲地说："在当主持人之前，我一直从事着一份光荣、高雅而又填不饱肚子的职业——京剧。"直到现在，阿速仍然为自己改行去做主持人感到惋惜。"再努把力，我很有可能成为一名京剧艺术家的。可惜谁也没预料到，我没能伴京剧到最后。"

"我为它付出了太多太多了，其中包括左腿的跟腱和右腿的半月板儿。"阿速说的是在一次练习京剧武戏时发生的事故。

虽然在大学学的还是戏曲表演，但阿速感觉自己并不像在中专那样倾尽全力了。说起这件事，阿速扮了个鬼脸，试图掩饰神色中的一丝得意。"那时候我师父他老人家常在背后夸奖我：'这小子悟性高啊，我没看错人。'说得我都不好意思了，哪是我悟性高啊，其实整个大学四年就是吃老本啊。"

对自己的京剧表演功夫，阿速自认"不能说精，反正也说得过去"。《红云岗》这一出戏就是阿速在大学期间学的，阿速扮演的是反面男一号——刁鬼。阿速笑道："听这名字就知道不是什么好人。"如今翻出当年的演出照，看着照片上自己黑帽小褂两撇小胡子、挂着拐棍的扮相，阿速深深感慨一句："确实真像个鬼啊！"

对放弃京剧事业，改做主持人的选择，阿速这样说："如果生活并不如你之前所想，不如学着放下许多执着，将梦想和记忆留在心底，等待下一次的破茧成蝶。"

生活就是让家人过得更好

京剧曾是阿速的专业，他也将自己的全部投入到了京剧上。但京剧带给阿速的，却是"填不饱肚子"的一百多元工资，无奈之下阿速只能另打主意。"虽然我放弃了京剧，但我是没办法。"阿速无奈地说，"希望大家理解，艺术家也是要吃饱饭的。一个结了婚还要还房贷的男人，不能只靠每个月一百多块钱吧。"

"我 19 岁开始就组队出来演出挣钱了，为了让家人的生活能够过得更好更美满。从每场 3 个人同分 50 块钱，一直到后来每场自己一人就能收入 5000 块，用去了我整整 11 年的时间。京剧学成刚出道的时候年龄小、工资低，每个月 137.28 元成了我养家糊口的唯一来源。都

"帮主"也有顽皮的一面

说钱不是万能的，但是没钱也是万万不能的。我不是一个拜金主义者，也不会说大道理，可是现实让人变得更现实，只有努力，才能让自己的家人能够过上好日子。"

让他抱定"努力赚钱，一定要让自己的家人都过上好日子"这个信念的，还是在京剧团的那段日子。

"其实要说起来，我还真得感谢每月 137.28 元工资那会儿。为生活所迫，我才会去想辙，想别的出路。就是因为这个原因，促使我不断上进，不断努力。如果起初我工资不少，日子过得很舒坦，可能到现在我还老老实实蹲在京剧团做我的花脸演员，也就没有现在的我。"

阿速外出演出，几乎跑遍了济南所有演艺场所，演出形式由唱歌跳舞变成娱乐类节目主持，地点从室内搬到了室外，身价也随之不断提升。"那时候的生活，就是从一个场出来，紧接着再赶下一个场。"阿速坦然说道，"我也曾经认为，有可能这种生活会一直持续下去。"

每到临睡前，阿速都会总结自己这一天干了什么，今天有什么收获，经历了哪些事，遇见了什么人，这件事自己是怎么处理的，有没有纰漏，下次是不是能做得更好，有没有不懂的事情，有没有问问别人……

"也许很多人睡了一觉，一闭眼一睁眼就过去了，就把昨天发生的事全忘脑后了。"阿速说，"我个人感觉这是一个很不好的习惯。今天你遇到的事情是别人不会遇到的，在这件事情中你得到了什么，又该改进些什么，这都是很好的生活经验。所以我每天晚上睡觉之前，都会回想自己这一天发生的事，总结出经验教训。这样下次遇上同类的事情，就不会再犯相同的错误。只有这样，人才能越活越向前，生活才能越过越好。"

生活就是在逆境中不断升华

阿速搞了济南室外演出后，名声大噪，短时间内人气爆棚，各行各界的朋友都来打听他，争相拜访他。先是山东人民广播电台，后是山东电视台。辗转几次，阿速应试《生活帮》，成了。从此，阿速和《生活帮》结下了不解之缘。

《生活帮》栏目刚上马时困难重重，国内基本没有能借鉴的栏目，国外的类似栏目从形式和具体操作上，又和中国的民生类栏目有着很大的区别。单说《生活帮》选主持人这事，就一波三折。很多优秀的主持人因为不适合这个栏目的风格而离去，最终花落阿速。

其实阿速初上台，心里也是忐忑不安，用他自己的话说是"七个桶上八个桶下"，"之前没有谁的什么经验让我可以学习的，栏目风格和到底要办成什么样，说实话连领导心里也没底。上台之前，我自己更是紧张，手心里狂出汗。我就不断地告诉自己，我能行，没问题，我叫不紧张。"

《生活帮》第一天开播的情形，阿速至今历历在目。"直到上台张嘴说了话，我心里那块石头才算是落了地。接下来的一切都很顺利，就跟我之前在济南主持演艺节目一样，都是跟人打交道，跟老百姓打交道，我感觉我整场下来把握得还算不错。主持完节目后，领导同事跟我说，

阿速，本来我们也为你捏一把汗，直到你一张嘴，我们心就踏实了。我这才知道，原来紧张的不止我一个。"

阿速说，生活限制了你一方面的发挥，那必然会在另一个领域给你双倍的回报。

"这些年忙忙碌碌，虽然有苦有累，但也乐在其中。而且总算是得偿所愿：经过我的努力，让我的家人都过上了好日子。做人做事本来容易，只是有时我们太过执着于一面，只看到想要的结果。说的听的，有道理的没有道理的，正确的谬误的，成功的失败的，其实就存在于每个人手掌心。"

阿速颇有心得地说："你想要什么样的结果？如果你付出了，争取了，那就不用太在意结果会怎么样；但如果你没有任何付出，没有为你想要的结果去拼搏，那么得不到好的结局就是必然，而这时候再后悔，再哭泣，已经没有任何用了。"

附

阿速小档案

籍贯：山东济南

星座：水瓶座

家庭成员：父亲、母亲、媳妇、女儿

学历学位：山东艺术学院戏曲系本科学士

掌握的语言：济南话　天津话　东北话　章丘话

到过的国家：巴西　韩国　印度尼西亚　美国

喜欢做的事：擦车　吃雪糕　看着女儿笑笑傻乐

爱好：现在除了健身还是健身

学习经历：工作 11 年后读大学

喜爱的运动：唱念做打，即京剧表演的四种艺术手段

最难忘的经历：从叠起的三张桌子上往下翻跟头，摔断跟腱，在医院躺了半年，长了 30 斤

最高兴的事：荣升《生活帮》"帮主"

擅长的乐器：口哨，吹起来优美动听

喜欢的女歌手：席琳·迪翁

喜欢的男歌手：男的歌手吧，除了庾澄庆，就是阿速

喜欢的女演员：张曼玉

喜欢的男演员：周星驰　周润发

最喜欢的电影：《英雄本色》

最喜欢的书籍：《钢铁是怎样炼成的》

喜爱的衣着：休闲装

喜爱的食物：济南烧烤　麻辣烫

喜爱的颜色：红　白　黑